BRIAN BRODERSEN

CREZCAN JUNTOS COMO PAREJA

DIEZ FUNDAMENTOS BÍBLICOS PARA UN GRAN MATRIMONIO

Publicado por
Unilit
Medley, FL 33166

© 2013 Editorial Unilit (Spanish translation)
Primera edición 2013
Primera edición 2018 (Serie Favoritos)

© 2011 por Brian y Cheryl Brodersen
Originalmente publicado en inglés con el título:
Growing Together as a Couple por Brian y Cheryl Brodersen.
Publicado por Harvest House Publishers
Eugene, Oregon 97404
www.harvesthousepublishers.com
Todos los derechos reservados.

Reservados todos los derechos. Ninguna porción ni parte de esta obra se puede reproducir, ni guardar en un sistema de almacenamiento de información, ni transmitir en ninguna forma por ningún medio (electrónico, mecánico, de fotocopias, grabación, etc.) sin el permiso previo de los editores, excepto en el caso de breves citas contenidas en artículos importantes o reseñas.

Traducción: *Cecilia Romanenghi de De Francesco*
Diseño de la cubierta: *BGG Designs, www.bggdesigns7.com*

A menos que se indique lo contrario, el texto bíblico ha sido tomado de la Versión Reina Valera Contemporánea™ © Sociedades Bíblicas Unidas, 2009,™ 2011. Antigua versión de Casiodoro de Reina (1569), revisada por Cipriano de Valera (1602). Otras revisiones: 1862, 1909, 1960 y 1995. Utilizada con permiso.
El texto bíblico indicado con RV-60 ha sido tomado de la Versión Reina-Valera © 1960 Sociedades Bíblicas en América Latina; © renovado 1988 Sociedades Bíblicas Unidas. Utilizado con permiso. Reina-Valera 1960® es una marca registrada de la American Bible Society, y puede ser usada solamente bajo licencia.
El texto bíblico indicado con «NTV» ha sido tomado de la *Santa Biblia*, Nueva Traducción Viviente, © Tyndale House Foundation 2008, 2009, 2010. Usado con permiso de Tyndale House Publishers, Inc., 351 Executive Dr., Carol Stream, IL 60188, Estados Unidos de América. Todos los derechos reservados.
Las citas bíblicas señaladas con NVI® son tomadas de la Santa Biblia, *Nueva Versión Internacional*®. NVI®. Propiedad literaria © 1999 por Biblica, Inc. ™ Usado con permiso. Reservados todos los derechos mundialmente.
Las citas bíblicas señaladas con LBLA se tomaron de la Santa Biblia, *La Biblia de Las Américas*. © 1986 por The Lockman Foundation.
Las citas bíblicas señaladas con DHH se tomaron de *Dios Habla Hoy*, la Biblia en Versión Popular por la Sociedad Bíblica Americana, Nueva York. Texto © Sociedades Bíblicas Unidas 1966, 1970, 1979. Usadas con permiso.

Producto 497069
ISBN 0-7899-2414-5
ISBN 978-0-7899-2414-8

Impreso en Colombia
Printed in Colombia

Categoría: Relaciones/Amor y matrimonio
Category: Relationships/Love & Marriage

Al Señor Jesucristo, el Gran Pastor de las ovejas, quien nos llamó a ser uno. Él ha sido fiel al trabajar en nosotros, amarnos y estar a nuestro lado en todas las cosas.

A nuestros hijos, con los que Dios nos bendijo en las riquezas de su gracia: nuestras hijas, Kristyn y Kelsey, y nuestros hijos, Char y Braden. Nos han enseñado muchas lecciones, incluyendo la grandeza de poder reírnos de nosotros mismos. ¡Cuánto gozo es que todos estén en nuestros corazones y nuestras vidas!

Agradecimientos

Queremos agradecer a *Harvest House* por creer en este libro y hacerlo posible.

También queremos expresarle nuestra sincera gratitud a Hope Lyda por su arduo y asombroso trabajo para transformar nuestros ofrecimientos en algo muy agradable. Nos ha mostrado gracia más de un millón de veces.

Por último, nos gustaría darles las gracias a los pilluelos que en el castillo de Austria grabaron una conversación informal que tuvimos sobre el matrimonio, porque creyeron que sería de bendición para otros. ¡Ustedes saben quiénes son!

Contenido

Cultiven un matrimonio piadoso 7

Primer fundamento: **Confíen** 15

Segundo fundamento: **Eliminen** 29

Tercer fundamento: **Estimen** 51

Cuarto fundamento: **Alienten** 77

Quinto fundamento: **Ejemplifiquen** 97

Sexto fundamento: **Muestren empatía** 113

Séptimo fundamento: **Iluminen** 125

Octavo fundamento: **Fortalezcan** 145

Noveno fundamento: **Soporten** 163

Fundamento para el examen personal 179

Fundamentos en acción 195

Introducción

Cultiven un matrimonio piadoso

Una y otra vez en nuestro matrimonio, hemos visto cómo Dios puede proteger y transformar lo que le hemos encomendado. Hemos visto cómo Dios puede tomar a dos personas tercas y hacerlas una en Cristo. También hemos sido testigos de cómo Él tiene la capacidad de tomar a dos personas opuestas y puede fundirlas en una de un modo tan exclusivo como para que se lleguen a complementar el uno al otro... al punto de que no podemos imaginar lo que sería no estar juntos. Hemos visto cómo Él junta a dos personas de trasfondos diferentes, con gustos, aversiones, talentos y habilidades diferentes, y los forma de modo que sean fructíferos y bendecidos.

Queremos celebrar y cultivar la maravillosa verdad de que el matrimonio es de Dios y, por lo tanto, es algo bueno. Según la Biblia, el matrimonio se originó en el deseo de Dios de que sus hijos tuvieran la mejor experiencia humana posible. En los dos primeros capítulos de Génesis (LBLA), leemos:

> El Señor Dios dijo: No es bueno que el hombre esté solo; le haré una ayuda idónea [...] Entonces el Señor Dios hizo caer un sueño profundo sobre el hombre, y éste se durmió; y Dios tomó una de sus costillas, y cerró la carne en ese lugar. Y de la costilla que el Señor Dios había tomado del hombre, formó una mujer y la trajo al hombre [...] Por tanto el hombre dejará a su padre y a su madre y se unirá a su mujer, y serán una sola carne [...] Y vio Dios todo lo que había hecho, y he aquí que era bueno en gran manera.

La declaración aquí es que el matrimonio es bueno. Es el regalo de Dios a los hombres y las mujeres para beneficio y disfrute mutuo. ¡Es verdad! Cuando el matrimonio se vive de acuerdo a su plan tal como se revela en la Escritura, es una de las experiencias más bendecidas de esta vida. Eso es lo que hemos descubierto a lo largo de los últimos treinta y tantos años. Esto no significa que seamos perfectos (lejos de ser así); no es porque jamás hayamos discutido (lo hemos hecho); no es porque siempre estemos de acuerdo en todo (no lo estamos); no es porque jamás peleemos (lo hacemos). Es porque al final del día, hemos decidido seguir a Cristo y someternos a su Palabra en lugar de seguir los deseos de nuestros corazones y vivir por nuestra cuenta.

El estado actual del matrimonio

Pareciera que una gran apatía ha ensombrecido la mente del pueblo de nuestra nación cuando se trata de la importancia del matrimonio. La cifra récord del setenta por ciento de estadounidenses cree que el divorcio es moralmente aceptable, según la encuesta de 2008 de *Gallup* sobre valores y creencias. Dos generaciones de altas tasas de divorcio han hecho que esto parezca la norma en Estados Unidos. A tal punto es así, que nuestro país tiene la tasa de divorcio más alta del mundo. Lo que alguna vez se consideraba una unión sagrada, ahora muchos la ven como un acuerdo que vale la pena probar cuando estás enamorado, pero que está bien disolver por cualquier razón, desde diferencias irreconciliables hasta la frase casi sin sentido de «nos hemos distanciado».

Como tú y tu cónyuge se oponen a esta apatía e invierten juntos en el crecimiento, es importante tomar conciencia de todo lo que se interpone entre ti y la madurez en Cristo. Abre tus ojos a estas barreras y obstáculos, de modo que puedan poner a punto sus esfuerzos, oraciones y diligencia como una pareja fiel y llena de fe.

Tres maneras de perder los fundamentos

Existen toda clase de fuerzas que compiten con el matrimonio y le hacen guerra. Estas fuerzas casi siempre caen en una de estas tres categorías: el mundo, la carne y el diablo.

La influencia del *mundo* se infiltra en lugares donde no esperarías encontrarla. Muchos manuales para el matrimonio que hemos leído, clases a las que hemos asistido o conferencias que hemos oído sobre el matrimonio nos proporcionan listas de reglas rigurosas o algunas risas en lugar de ofrecernos una comprensión mayor de cómo hacer que prospere nuestro matrimonio.

Un año, Cheryl regresó de un retiro visiblemente perturbada. Cuando le pregunté qué le sucedía, me contó la siguiente historia. Algún tiempo atrás, conversó con la esposa de una pareja que conocíamos. Hacía poco que el esposo había entrado al ministerio y la mujer tenía luchas respecto a su esposo que también era su pastor. Antes de ser cristianos, su matrimonio sufrió algunos golpes severos y el esposo le fue infiel.

En vano trató Cheryl de alentar a esta joven esposa. Por último, le sugirió que asistieran juntas a un taller sobre matrimonio. La mujer que estuvo a cargo del taller comenzó con una lista de reglas victorianas que encontró en algún texto del siglo IX. Luego, reiteró estas reglas como normas para los matrimonios actuales. Una de esas reglas era que las parejas deben levantarse a la misma hora por la mañana y deben irse a dormir a la misma hora por la noche.

Mientras Cheryl escuchaba, se dio cuenta de que nuestro matrimonio estaba descalificado como recto o piadoso. La maestra no dejó lugar para la gracia ni la individualidad. Mi esposa regresó a casa de esa actividad con el corazón un poco hecho añicos y una lista de lo que andaba mal en nuestro matrimonio, según la oradora.

Sin embargo, ¿sabes una cosa? Nuestro matrimonio no tenía nada de malo. Ninguna de las reglas presentadas tenía alguna base bíblica. Aunque la mujer que dio esta conferencia tenía buenas intenciones, iba por mal camino. No creo que Cheryl fuera la única esposa que salió de ese taller desanimada.

Recibimos consejos que no son bíblicos desde diversos ángulos. El «mundo» se mete en nuestros hogares y matrimonios a través de la información que recibimos de fuentes que no se basan en la sabiduría divina, incluyendo a algunos extraños y algunos amigos, a los portales mediáticos y a la gente de influencia cuyas palabras no medimos al compararlas con la Palabra de Dios, pero que tienen amplias plataformas desde donde se dirigen a audiencias masivas e impactan la manera en que piensa y vive la gente. Si reunimos nuestros pensamientos y principios sobre el matrimonio de estas fuentes mundanas, terminaremos con consejos bastante malos, con información mezclada y muchísima confusión.

Cheryl recibe una revista que tiene juegos de palabras cruzadas que son fabulosos. Todas las semanas, esta misma revista presenta al mismo tiempo una dieta *y* recetas para preparar postres suculentos. Asimismo, el mundo trata de dar licencia para prácticas destructivas mientras sigue pretendiendo tener las mejores soluciones para las relaciones que fracasan.

La *carne*, que son nuestros propios deseos y nuestro egoísmo, es otra fuerza que le hace guerra al matrimonio. Si no controlamos los deseos centrados en nosotros mismos, estos producirán la ruina en nuestro cónyuge y en nuestro matrimonio. Nunca se puede satisfacer por completo el egoísmo. Si lo alimentas, lo único que hará será volverse más desenfrenado hasta que haga desaparecerlo todo.

Por último, toda pareja casada tiene al archienemigo de Dios como enemigo personal. El *diablo* quiere destruir el matrimonio porque es la institución de Dios para proteger y promover el bienestar, el gozo y la salud de su creación. En el séptimo fundamento (iluminen), ahondaremos más en las artimañas de Satanás contra el matrimonio. Hasta entonces, basta con decir que el diablo es un formidable enemigo.

A fin de que hoy en día un matrimonio sobreviva, sin mencionar que prospere, los creyentes necesitan estar equipados con claros principios bíblicos, de modo que puedan permitirle a Dios que obre en ellos de manera individual y en su matrimonio. En los diez fundamentos que le siguen a esta introducción hemos hecho lo mejor posible para condensarte el mensaje de las Escrituras en forma práctica y memorable. Además, te enterarás de muchas cosas sobre Cheryl y sobre mí respecto a cómo estos fundamentos le han dado forma, corregido y guardado nuestra relación. (Créeme, ¡hay mucho que contar!).

Sufrimientos crecientes

¡Cheryl y yo somos dos personas apasionadas y tenaces que se casaron después de conocerse a los cinco meses! Muy pronto, nos dimos cuenta de que no nos conocíamos muy bien el uno al otro. Nuestras diferencias eran importantes. A mí me encantaba el surf y quería embestir las olas cuantas veces pudiera. A ella le encantaba la idea de estar casada con un surfista, siempre y cuando solo practicara surf en verano. A mí me gustaba escuchar música en la radio mientras íbamos en el auto. A Cheryl le encantaba la música, pero prefería conversar mientras viajábamos. A mí en encantaba quedarme levantado hasta altas horas de la noche leyendo y conversando; ella se quedaba dormida cuando se ponía el sol.

Descubrimos lo que toda pareja descubre: Somos dos personas muy diferentes, que ahora se han casado para toda la vida, en tiempos buenos y en tiempos malos. Lo lamentable es que nuestra relación se inclinaba más hacia la opción de «tiempos malos» que hacia el objetivo de los «tiempos buenos». Todos los días de nuestro primer año de casados, y es probable que casi todos los días de nuestro segundo año, peleábamos por una cosa u otra.

Nuestros altercados le llamaron la atención a un pastor amigo mío, que me aconsejó diciendo que quizá nuestro matrimonio no durara si seguíamos al paso que íbamos. Después de todo, no encajábamos en el molde de lo que se suponía que debía ser una pareja cristiana. A pesar de este comentario poco alentador, sabía que Cheryl y yo nos amábamos; sentíamos que Dios nos había unido y el divorcio no era una opción. Yo venía de un hogar roto, y lo último que quería era repetir lo que viví en la niñez. Entonces, sacamos la palabra *divorcio* de nuestro vocabulario y solo tratamos de resistir allí donde estábamos. En poco tiempo, las peleas comenzaron a disminuir en longitud, pasión y frecuencia. Se sustituyeron por un amor duradero, una gran amistad, un aliento piadoso y el disfrute mutuo.

Dos individuos pueden unirse en corazón y dirección cuando Dios es su fundamento, su centro y su enfoque. Es entonces que el matrimonio crece de verdad.

Lo que se necesita para crecer juntos

Como le prestamos atención a la condición de nuestro matrimonio y buscamos la ayuda y la fortaleza de Dios para nuestra unión, nuestro matrimonio ha crecido en la dirección divina. La gente se da cuenta y resalta lo mucho que Cheryl y yo disfrutamos de la compañía mutua después de treinta años de matrimonio. Y es así en verdad. Ahora tenemos más en común y menos diferencias que nunca.

Algunas veces, hasta nos encontramos teniendo el mismo pensamiento. Al menos, hay veces en que sé lo que ella está pensando y viceversa.

Hace unos diez años, cuando vivíamos en Inglaterra, a Cheryl le pidieron que hiciera un taller sobre matrimonio. Mientras meditaba en qué decir, el Señor puso en ella la idea de siete fundamentos para un matrimonio bendecido. Los anotó y agregó algunos de mis comentarios sobre cada punto. Luego, preparó una conferencia mientras oraba a Dios para que la guiara, con el deseo de ser lo más transparente y guiada por el Espíritu que fuera posible. Acto seguido de esta charla, las mujeres que estaban en el retiro se sintieron tan inspiradas por el mensaje que les dio que le preguntaron si podían transcribirlo y ponerlo en un folleto para el siguiente retiro. Cheryl accedió y esa transcripción es la base de lo que hacemos en este libro.

El año pasado, presentamos estas mismas ideas de manera más bien espontánea en encuentros en Inglaterra y Austria. Solo con la lista de los fundamentos frente a nosotros, les hablamos a los asistentes. La respuesta fue increíble. Nos sorprendió ver cómo estas sencillas instrucciones ayudaron y alentaron a tantas parejas.

Un amigo nuestro se sentó detrás de una pareja que vino a vernos antes esa semana, la cual tenía problemas en su relación. Nuestro amigo se dio cuenta de que la pareja parecía entrar en calor mientras hablábamos. Primero, comenzaron a sonreírse el uno al otro al sentirse identificados con los problemas a los que nos habíamos enfrentado. Pronto reían. Al poco tiempo, la mujer tomó al esposo del brazo y recostó la cabeza sobre su hombro. Salieron de la conferencia con un compromiso renovado hacia su matrimonio y una sensación fresca de amor el uno por el otro.

Al escribir juntos este libro, Cheryl y yo expresamos diferentes pensamientos, actitudes e historias tal como lo hicimos cuando estábamos en Europa. Nuestra oración es que Dios utilice estos diez fundamentos de modo que les ayuden a adoptar una mayor y más clara comprensión y apreciación de lo que Dios les ha dado y ordenado a través de su matrimonio.

A fin de ayudarles a distinguir los puntos en los que alguno de los dos hablamos en forma individual, le hemos dado monogramas a cada una de nuestras secciones. Comenzarán de la siguiente manera:

Primer fundamento:
Confíen

Una oración por mi cónyuge

Que _____ sea lleno «del conocimiento de su voluntad en toda sabiduría e inteligencia espiritual» y que viva «como es digno del Señor, es decir, siempre haciendo todo lo que a él le agrada, produciendo los frutos de toda buena obra, y creciendo en el conocimiento de Dios». Que sea fortalecido «con todo poder, conforme al dominio de su gloria, para que» pueda «soportarlo todo con mucha paciencia» y «con gran gozo».
Tomado de Colosenses 1:9-11

Primer fundamento

Confíen

Para quienes han sido solteros durante algún tiempo o que tienen personalidades fuertes, no es fácil darse cuenta de que las decisiones, las necesidades, los sueños, las responsabilidades, las finanzas, la fe, los compromisos y cada parte de la vida les conciernen a los *dos*. Se requiere un esfuerzo concertado y la toma de conciencia para evitar estrategias y expectativas malsanas que pueden llevar a una relación al fracaso o al menos a la infelicidad. En un matrimonio, la semilla del conflicto se planta cuando los esposos o las esposas tratan de cambiarse o controlarse el uno al otro.

El secreto de una unión feliz no es que tu cónyuge se levante un día y de repente tenga justo las mismas preocupaciones y prioridades que tú. La clave para liberarse de las expectativas irreales es buscar la fuerza y la cobertura de Dios. Aprender a confiarle la seguridad de tu matrimonio y de tu cónyuge al Señor es la mejor lección que cualquiera puede aprender en todos los aspectos de la vida.

En este capítulo, exploraremos un fundamento muy básico: Confiarle su esposo, su matrimonio, su familia, sus acciones, su trabajo, sus esperanzas, sus sueños y sus preocupaciones al Señor. Esto los llevará a un estado maravilloso de dependencia de Dios y de su preciosa voluntad para su matrimonio y su vida. Una manera práctica de soltar la sensación de control y expectativa es orar el uno por el otro a diario. Muchas veces, tenemos que aprender de la peor manera que en algunas circunstancias es mucho mejor hablar con Dios sobre un problema que tenemos con nuestro cónyuge antes de hablarlo directamente con el otro.

Veamos algunas maneras prácticas en que pueden confiarle su vida y su matrimonio a Dios.

Denle a Dios lo que más importa

 A lo largo de los años, he viajado mucho debido al ministerio. Cuando estaba afuera durante semanas seguidas, tuve que aprender a confiarle mi esposa y mi familia al Señor. No fue fácil. Soy de los que revisan una y otra vez para asegurarme de que las puertas, ventanas, los mosquiteros y otras aberturas que rodean la casa estén cerradas con seguridad. Este hábito, y la preocupación que hay detrás, quizá se desarrollaran porque cuando era joven, varias veces asaltaron mi casa. No obstante, pienso que la mayoría de los hombres quiere sentirse seguro de que su familia esté sana y salva.

Una vez, antes de que adoptara por completo este fundamento del matrimonio, regresé de un viaje y les pregunté a los niños cómo mamá llevó a cabo las medidas de seguridad en mi ausencia. Y, por supuesto, me contaron historias que pusieron en marcha mis peores temores: puertas sin llave, ventanas abiertas de par en par a todas horas y la puerta del garaje levantada toda la noche. Si antes no lo había tenido claro, ahora era clarísimo: Cheryl nunca se iba a preocupar tanto por la seguridad como yo quería que lo hiciera. No iba a llevar esa sensación de preocupación que tenía yo. Era hora de que soltara esa expectativa. Sin embargo, eso no es poca cosa. ¿Has tratado de soltar una expectativa que tienes respecto a tu cónyuge?

¿Qué es confiar?

Cuando Cheryl y yo nos casamos, descubrimos nuestras diferencias. Y con cada uno de esos descubrimientos, es probable que estableciéramos nuestras expectativas del otro. Por ejemplo, siempre estaba listo para aceptar cualquier invitación a socializar. Cheryl era mucho más propensa a optar por una velada tranquila en casa. Esto llevó a muchas discusiones acaloradas, porque yo quería persuadir a Cheryl de que necesitaba ser más sociable. Y estoy seguro de que ella esperaba que me diera cuenta de lo bonito que era estar solos nosotros dos, acurrucados, todas las noches.

Al final, me di por vencido y no traté de convencerla más de que fuera como yo, y solo acepté que éramos diferentes. Cuando nos comprendemos el uno al otro y procuramos conocernos por completo, nos predisponemos a descubrir qué aspecto único trae nuestro cónyuge a la relación. Esto es un gran salto hacia la madurez espiritual y matrimonial. Y puede llevar tiempo.

Mis oraciones por fin reflejaron este cambio hacia la aceptación y la comprensión. Cuando elevaba oraciones por Cheryl, le pedía a Dios que la transformara en la persona que Él deseaba, no en la que yo quería que fuera. Entonces, para mi gran asombro, en definitiva se convirtió en todo lo que a mí me gustaba y más también. Y no fue por agradarme ni por aplacarme. Sus cambios fueron parte del camino de crecimiento de Dios para ella. El impacto en su vida, en nuestro ministerio y en nuestro matrimonio fue significativo. Hasta el día de hoy seguimos maravillándonos de ese cambio.

¿Conformar o confiar?

Muchos de nosotros tratamos de conformar a nuestros cónyuges a nuestra imagen porque olvidamos que están hechos a la imagen de Dios y están destinados a ser conformados a la imagen de Cristo. Olvidamos que nos hicieron para complementar más que para duplicar al otro. Si fuéramos idénticos, no creceríamos mucho. Dios junta a los opuestos, o a dos individuos únicos, de modo que puedan crecer hacia una persona más completa de lo que jamás podríamos ser por nosotros mismos.

Soy una versión nueva y mejorada de mí mismo como resultado de estar casado con Cheryl. Me ha enseñado a amar a los demás y a preocuparme por ellos, a saber cómo entregarme para que los otros sean bendecidos. Sin embargo, en los primeros años, evadía de forma involuntaria todo esto e insistía en que ella se pareciera más a mí, en lugar de confiársela a Dios para que pudiera convertirse en la persona que Él quería que fuera.

Tarde o temprano, toda persona casada tendrá que aprender a entregarle su cónyuge a Dios si quiere disfrutar del matrimonio como desea Él. Cuando esto sucede pronto, cosecharás las recompensas de una relación estrecha durante muchos años.

¿Qué aspecto de tu vida necesitas rendirle al cuidado de Dios? ¿Qué necesitas confiarle a sus capaces manos y a su perfecta sabiduría?

Confíale tu cónyuge a Dios

¿Qué implica confiarle nuestro cónyuge a Dios de una manera práctica y factible? Los hombres deben recordar que las mujeres suelen ser más sensibles respecto a algunos asuntos o preocupaciones. En numerosas ocasiones, he intentado ayudar a Cheryl con algo que me parecía que debía tratarse, y lo único que he logrado fue desatar la Segunda Guerra Mundial. Jamás olvidaré la vez en que me preguntó si me parecía que sería buena idea poner a nuestros hijos en la escuela. Ella se había encargado de su educación durante los tres años y medio que vivimos en Inglaterra y continuó haciéndolo durante más o menos un año después que regresamos a los Estados Unidos. Antes de que me planteara la pregunta, yo también había estado pensando que sería una buena idea hacer que los niños ingresaran al sistema escolar ahora que estábamos establecidos de nuevo en los Estados Unidos. Así que mi respuesta fue a favor de la idea. Mientras proseguía exponiendo por qué el cambio era un buen plan, dije que me parecía que recibirían una mejor educación. ¿Puedes adivinar lo que sucedió a continuación?

En el instante en que esas palabras salieron de mis labios, supe que había cometido un grave error. Entonces, con torpeza, no me detuve allí. Procedí a explicar lo que en verdad quise decir, pero sin resultado alguno. Cheryl interpretó que mi comentario quería decir que ella era un fracaso como maestra y que no era apta como madre. Por supuesto, ¡yo no había dicho nada por el estilo! Sin embargo, algunas veces, las esposas tienen esta asombrosa manera de escuchar cosas que nosotros jamás dijimos y ni siquiera pensamos decir. Como la vez en que Cheryl me preguntó si me gustaba la comida que preparó y yo respondí «Está bien», lo que para ella significó: «¡Eres una cocinera malísima y desearía tener una esposa diferente!».

Todavía sigo tratando de aplicar esa gran porción de sabiduría de la epístola de Santiago: «Todo hombre sea pronto para oír, tardo para hablar» (1:19, RV-60). Escuchar y orar, eso es confiar en un nivel práctico.

Y la oración es específica. Quiero orar para que Cheryl sobresalga en todo aspecto de su vida. Ante todo es una cristiana, así que oro para que Dios le dé el Espíritu de sabiduría y revelación en el conocimiento de Él, a fin de que pueda cumplir toda su buena voluntad en ella y a través de su vida. También es madre, así que oro por su relación con nuestros hijos. Es mi esposa, y existen cosas que pertenecen de manera específica a nuestra relación como marido y mujer por las que oro. Como cristiana, es una sierva de Jesucristo y quiero que entre a todo lo que Dios la ha llamado.

No siempre pensé de este modo. Al comienzo de mi trabajo como pastor, su participación en el ministerio de las mujeres en la iglesia me resultaba inconveniente. Parecía requerirle demasiado tiempo lejos de la familia. Algunas veces, me quedaba atascado con los niños durante horas y, en algunas pocas ocasiones, ¡hasta tuve que prepararles la cena! ¿Puedes imaginar a un hombre que tenga que cuidar a sus hijos durante unas horas a la semana? ¡Impensable! Bueno, esto te demuestra la poca idea que he tenido algunas veces en este matrimonio.

Desde entonces, me he dado cuenta de que Dios no solo me llamó a mí al ministerio de su Palabra, sino que también llamó a Cheryl, y quiero hacer todo lo que esté a mi alcance para ayudarla. Orar por ella es una gran manera de hacerlo.

¿Han podido confiarle su cónyuge al Señor? Si es así, ¿cómo se han acercado más el uno al otro? Si no es así, consideren qué aspectos de su cónyuge se resisten a liberar al cuidado de Dios. Pregúntense, y pregúntenle a Dios, por qué estos aspectos particulares de su ser amado son difíciles de rendir. No es de sorprender que las cosas difíciles de rendir de la vida de nuestro cónyuge sean las que más queremos controlar. Oren pidiendo discernimiento de modo que puedan honrar su matrimonio y a su cónyuge.

Una de las mayores bendiciones de la relación matrimonial es a la que Pedro se refiere como «coherederas del don de la vida». Eso es lo que somos, y la mejor manera de asegurar la plenitud de la bendición de Dios sobre nuestro matrimonio es orar por él.

Protege y cuida en lugar de protestar

C Debo admitir que, de la misma manera en que Brian quiso «conformarme» a su imagen, yo quería «arreglarlo» a él. Me casé con un encantador surfista joven con toneladas de potencial... todo lo que necesitaba era un poquito de arreglo.

Cuando conocí a Brian, tenía un apartamento amueblado y algunas prendas de ropa bastante buenas. Sin embargo, cuando llegamos a nuestro primer apartamento, me horroricé al descubrir que redujo todas sus pertenencias para que cupieran en dos bolsas de papel. Una de las bolsas contenía números viejos de una revista de deportes y un trofeo que le dio un atleta de Dinamarca. La otra bolsa contenía todas sus ropas, sus artículos de tocador y posesiones. ¡Era fácil ver que este muchacho necesitaba algo de ayuda!

Pienso que, por naturaleza, las mujeres nos sentimos atraídas a sobresalir en el arreglo de las cosas. Somos quienes nutrimos. Deseamos agregar nuestro toque y nuestras mejoras a las casas, los jardines y otras cosas por el estilo... que lamentablemente muchas veces incluyen a nuestros esposos. Después de todo, cuando nos casamos, ¡sabíamos que podíamos mejorarlos en gran manera!

Descubrí que Brian no era receptivo a mis útiles sugerencias. Cuando no me escuchaba, me encontraba tramando planes, gritando y haciendo casi cualquier cosa que pudiera para convencerlo de la necesidad de cambiar. Intenté en vano ayudarlo a romper malos hábitos, a mejorar sus modales y a verse de la mejor manera.

En lugar de ayudar, trataba de controlar a Brian. Eso era lo que él sentía y la manera en que lo veían los demás. Mis sugerencias pronto se deterioraron y se convirtieron en rezongos. Ahora bien, ¿quién quiere estar cerca de una mujer rezongona? Proverbios 21:19 afirma: «Es mejor vivir en el desierto que convivir con mujer peleonera y agresiva». ¡Pienso que de seguro Brian sentía lo mismo que Salomón (el autor de Proverbios)!

Mi naturaleza se volvió tan opositora que mi esposo ya no podía oírme por nada. Llegamos a muchos callejones sin salida en nuestro matrimonio, momentos en los que se rechazaba cualquier sugerencia práctica que hiciera. Ni siquiera podía escucharme. Y yo no podía hacerlo mover en ninguna dirección.

Desesperada por completo, comencé a orar. Al principio, oraba para que Brian cambiara. Y así lo hizo. Comenzó a escucharme. Cuando seguía en lo suyo, se lo llevaba a Dios. Dios le hablaba a Brian y él se rendía a Dios. Era asombroso.

Poco a poco, me iba transformando de la esposa peleonera a la esposa que oraba.

Al cabo de algún tiempo, mis oraciones comenzaron a cambiar en su naturaleza. Ya no oraba por un cambio en Brian, sino por bendición, revelación espiritual, sabiduría y autoridad divina. Oraba para que fuera un buen padre para nuestros hijos y un modelo de conducta piadosa. Comencé a tomar versículos y oraba por Brian basándome en ellos.

Uno de mis pasajes favoritos para orar es Colosenses 1:9-11: que mi esposo fuera «lleno del conocimiento de su voluntad en toda sabiduría e inteligencia espiritual»; que anduviera «como es digno del Señor, es decir, siempre haciendo todo lo que a él le agrada, produciendo los frutos de toda buena obra, y creciendo en el conocimiento de Dios»; que fuera fortalecido «con todo poder, conforme al dominio de su gloria, para que» pueda «soportarlo todo con mucha paciencia» y «con gran gozo».

Brian tenía el síndrome de fatiga crónica, así que también comencé a orar por su salud y su resistencia. Oraba para que la fe lo levantara en los días en que le faltaban las fuerzas. Oraba Isaías 40:31 sobre él, para que esperara en el Señor y que se renovaran sus fuerzas. Oraba para que levantara el vuelo como el águila, a fin de que corriera y no se cansara, y recibiera el poder de caminar sin fatigarse.

Cómo la oración cambia al matrimonio

¿Sabes lo que sucedió mientras oraba? *Yo* cambié. Mis deseos hacia Brian cambiaron. Tomaron la perspectiva de Dios hacia él. Verás, Dios ama a mi esposo. Dios mismo lo llamó. Dios lo salvó y lo libró del pecado, de la muerte y de la falta de objetivos. Lo puso en el ministerio y como pastor sobre sus rebaños. Lo dotó para enseñar y servir en la iglesia. A través de la oración, recibí un nuevo respeto, una nueva valoración y un renovado amor por él. Ya no quería arreglarlo (excepto en algunas ocasiones... nadie es perfecto), sino disfrutarlo.

Todos los días oro por Brian. Todos los días, Dios y yo nos encontramos para conversar sobre las necesidades de mi esposo. Hace un año, Brian y yo caminábamos por la playa. Él se quejaba por una situación en particular. Yo sabía que no había nada que pudiéramos hacer al respecto y se lo dije. Sin embargo, no quería resignarse. Cuanto más hablaba, más furioso y deprimido se sentía. Ninguno de mis alientos espirituales lograba su objetivo. En realidad, todo lo que decía parecía ser combustible para el fuego de descontento en su corazón. Sabía que necesitaba oración, pero me estaba desalentando. Le dije que no caminaría con él si seguía mencionando ese tema. (No siempre soy amable). Cuando volvió a sacarlo a colación, comencé a caminar en dirección contraria hacia nuestra casa. Él se vio obligado a regresar al auto.

Mi caminata hasta la casa fue larga. Con cada paso, oraba por Brian. «Señor, te necesita con urgencia en este instante. Necesita una experiencia contigo como la del camino a Emaús».

El camino a Emaús fue la ruta que transitaban dos de los discípulos de Jesús pocos días después de su crucifixión. Desalentados y abatidos, conversaban sobre la muerte de Jesús y sobre los rumores de su resurrección. Mientras caminaban y conversaban, un extraño se les acercó y conversó con ellos. Les expuso las Escrituras y les explicó que era necesario que el Mesías sufriera, muriera y resucitara de los muertos. Mientras el hombre hablaba, los corazones de los hombres ardían en su interior. Le pidieron que los acompañara a cenar.

Cuando el extraño dio gracias y partió el pan en su presencia, ¡de repente se dieron cuenta de que era Jesús! En el mismo momento en que lo reconocieron, Jesús desapareció delante de ellos. Llenos de absoluta euforia, regresaron corriendo a Jerusalén para contarles a los demás discípulos que habían visto al Señor resucitado y lo que les había dicho. En medio de su dolor y depresión, los discípulos no se habían dado cuenta de la gloria del Jesús resucitado que verdaderamente caminaba y conversaba con ellos.

Sí. Brian necesitaba esa misma experiencia. No podía comprender las dificultades a las que se enfrentaba. Necesitaba estar a solas con Jesús y que Él le hablara. Esa era mi oración.

Los dos llegamos a casa al mismo tiempo. Brian se bajó del auto con una gran sonrisa. «Jesús me salió al encuentro», dijo. Ya sabía que lo había hecho. No solo el semblante de Brian cambió, sino que yo también sentí la dulce seguridad que me dio el Espíritu de Dios mientras caminaba.

Esa noche, la conversación que tuvimos fue diferente mientras hablábamos sobre el poder de nuestro Señor resucitado, en gran parte, imagino, como les sucedió a aquellos discípulos dos mil años atrás.

Dios sabe lo que necesita tu esposo. Además, anhela encontrarse con él en la lucha, la decisión, la prueba o el éxito en el que se encuentre. Entonces, confíaselo a Dios en oración. Cuando no te escuche, ora. Cuando tenga luchas, ora. Cuando esté confundido, ora. Cuando esté buscando la verdad, ora. Cuando sienta tentación, ora. Cuando acepte el propósito de Dios para su vida, ora. Ora... ora... ¡ora!

Señor, bendice este matrimonio

Leí el diario de una mujer que vivió a comienzos del siglo veinte. En sus páginas, lamentaba las luchas en su matrimonio. Su crítica suegra se había mudado a vivir con ellos. Su esposo estaba ausente durante largas horas en su trabajo y no comprendía los sufrimientos de compartir la casa con una persona terca. Los intentos de la esposa por comunicarle su desesperación al esposo se encontraban con la acusación de que se quejaba.

A esta altura desesperante, oró por su matrimonio. Y lo que resulta interesante es lo siguiente: añadió una petición para que Dios bendijera su matrimonio. Comenzó a añadir esa petición a todas las oraciones. Pronto, descubrió que su esposo estaba haciendo lo mismo. Al cabo de algún tiempo, se encontraban orando juntos para que Dios bendijera su matrimonio. Al final del diario, la mujer le atribuye el bendito estado de su largo y feliz matrimonio a las oraciones que hicieron por él.

Mientras leía este diario, se apoderó de mí la idea de orar por mi matrimonio y me sorprendió que nunca lo hubiera pensado. Supongo que solo había dado por sentado que como Brian y yo éramos cristianos y recibimos el llamado al ministerio, lo natural era que seríamos bendecidos.

Alrededor de esa época mi lectura personal de la Biblia cayó en Juan 2, la boda en Caná de Galilea. La Escritura afirma: «Jesús y sus discípulos fueron invitados a la boda» (versículo 2). Jesús estaba en la boda porque lo invitaron. Durante su época, de seguro que se produjeron miles de matrimonios entre hombres y mujeres rectos a los que Él no asistió. Sin embargo, asistió a este porque lo invitaron.

No solo asistió a esta boda, sino que la bendijo también. Al poco tiempo en la celebración, se acabó el vino. Esto podría haber sido un desastre para la pareja y los asistentes a la boda podrían haberlo considerado un mal presagio. María, la madre de Jesús, que conocía la seriedad del problema, fue a Jesús. Cuando le contó a su hijo el problema, Él le respondió con una pregunta, a la verdadera usanza rabínica. (Los rabinos de la época de Jesús solían hacerles preguntas a sus discípulos para poner de manifiesto la motivación o la comprensión que había detrás de la pregunta original de los discípulos). En esta ocasión, Jesús le preguntó a su madre: «Mujer, ¿eso qué tiene que ver conmigo?» (NVI). Jesús quería que se diera cuenta de la correlación natural que hizo entre la necesidad y Jesús.

Solo Él podía satisfacer la necesidad en la boda.

Les ordenó a los sirvientes que llenaran con agua seis vasijas de barro purificadas. Los sirvientes llenaron con entusiasmo estas simples vasijas hasta el borde y se las trajeron de vuelta. Entonces, Jesús les ordenó que tomaran algo del contenido y se lo presentaran como vino al maestro de ceremonias. Los siervos hicieron como Él les ordenó, y el resultado fue asombroso. El maestro de ceremonia afirmó que el vino que hizo Jesús era superior al que se bebió al comienzo de la fiesta.

De la misma manera, invitar a Jesús a nuestro matrimonio y pedirle su bendición es una garantía de que toda deficiencia, ya sea emocional, financiera, espiritual o física, se suplirá por su suficiencia.

Años atrás, tal como lo hizo la mujer que escribió el diario que mencioné, comencé a agregarle una pequeña cláusula a mis oraciones: «Señor, bendice mi matrimonio». Cuando oraba con Brian, añadía: «Señor, bendice nuestro matrimonio». Al poco tiempo, él también comenzó a añadir la misma frase final a sus oraciones.

Como a Brian le encanta decir: «El matrimonio es invento de Dios». Dios creó el matrimonio para sus propósitos divinos. Dios le dio Eva a Adán y, luego, caminó con ellos todos los días al fresco de la tarde antes de que el pecado arruinara su comunión. Mediante la oración y la entrega, se restaura esa oportunidad de caminar juntos con Dios todos los días.

Entonces, cuando le confiamos nuestro matrimonio a Dios, le pedimos que se dé a conocer en él y lo use para sus gloriosos propósitos. Estamos mucho más comprometidos con nuestro matrimonio porque le pertenece a Él, y nosotros pertenecemos a Él.

Confíale tu matrimonio a Jesús

Hemos visto que desde que comenzamos a pedirle a Dios que bendijera nuestro matrimonio, Él lo ha hecho de maneras asombrosas e inesperadas. Ambos podemos decir con sinceridad que estamos más enamorados ahora que el día en que nos dijimos los votos. El tiempo que pasamos juntos es enriquecedor, entretenido y disfrutable por completo. También tenemos una maravillosa comunión.

Además, nuestros hijos se han dado cuenta del estado de nuestro matrimonio y han sentido la seguridad de tener padres que están unidos en corazón y espíritu, y en el Señor. Nuestros dos hijos mayores se casaron con personas maravillosas, por cada uno de los cuales damos gracias a Jesús todos los días.

Amigos, Jesús quiere que confíen en Él para que bendiga su matrimonio tal como lo hizo en la boda de Caná. Jesús quiere caminar contigo y con tu cónyuge todos los días. Comienza a orar para que Él bendiga tu matrimonio. Comienza a orar por tu cónyuge y observa cómo Dios comienza a transformarlo todo: tu corazón, su corazón, tu relación, tu familia, tus sueños, tu propósito y tu futuro.

CONOCER ES CRECER

1. ¿Qué parte de su cónyuge necesitan confiarle a Dios? Conversen sobre estos aspectos y oren por los mismos. Tu cónyuge puede arrojar algo de luz sobre los aspectos que piensa que tienes dificultad para confiarle a Dios. Escucha lo que dice tu ser amado para que puedas crecer en este importante aspecto esencial.

2. ¿Qué insuficiencias personales deberían confiarle a la absoluta suficiencia de Cristo? Piensen en una o dos maneras prácticas de entregarle estas necesidades a Dios esta semana. Por ejemplo,

si luchan con el enojo, pueden decidir: 1) escribir una oración para nombrar el problema de insuficiencia de modo que puedan confiárselo a Dios, y 2) evitar o limitar las situaciones que saben que les producen enojo.

3. ¿Han tenido una experiencia como la del camino a Emaús (Lucas 24:13-15)? ¿Cómo fue y cómo esto les cambió a ustedes o su comprensión de Jesús? ¿Cómo puede alentarlos ese encuentro especial en su fe y en su matrimonio hoy?

4. ¿Cómo ha formado de manera positiva su fe y su vida estar casados? Intercambien estos elogios positivos el uno con el otro.

GRACIA PARA CRECER JUNTOS

Querido Señor, ayúdanos a entregarnos el uno al otro a tu cuidado. Gracias por el regalo del matrimonio. A medida que buscamos tu Palabra y dirección, guíanos para que nos nutramos el uno al otro con palabras amables, sabiduría divina y ternura. Permítenos venir a ti a diario con oraciones por nosotros mismos, nuestro cónyuge y nuestra unión. Ayúdanos a cada uno de nosotros a soltar cualquier deseo de control o de cambiar al otro, de modo que podamos celebrar nuestras diferencias y honrar tu obra en la vida de nuestro cónyuge y en la propia. Señor, bendice nuestro matrimonio. Te lo encomendamos a ti. Amén.

Segundo fundamento:
Eliminen

*Revistámonos del Señor Jesucristo,
y no busquemos satisfacer los deseos de la carne.*
ROMANOS 13:14

Segundo fundamento

Eliminen

Si son alérgicos a algo, es probable que hagan todo lo posible para evitar un encuentro con la comida o algún otro alérgeno en particular que les causen problemas. Tenemos una sobrina que es tan sensible a los cacahuetes que con tan solo tenerlos cerca se le puede disparar una reacción que pone en riesgo su vida. Cualquiera que sea el alérgeno de una persona, ya sea un gato, una comida o una planta en particular, hará todo lo posible por eliminar o evitar esos disparadores.

Quizá se pregunten qué tiene que ver esto con el matrimonio. Bueno, podemos garantizarles que existen algunos alérgenos que son tóxicos para su matrimonio y su bienestar espiritual.

Existen ciertas cosas que cuando les otorgamos un lugar permanente en nuestro matrimonio, pueden tener efectos negativos de largo alcance y hasta pueden ser destructivos. ¿Qué hacemos? Lo mismo que haría cualquiera cuyo bienestar se vea amenazado por un agente contaminante. Debemos eliminar, librarnos, ponerle fin, prescindir, erradicar, aniquilar, sofocar, exterminar y tirar cualquier cosa que esté operando en contra de que nuestra relación de esposos se convierta en todo lo que Dios tiene planeado.

Dios llamó al patriarca Jacob para que regresara a Betel, el lugar donde se encontró por primera vez con el Señor. Si regresaba, recibiría la promesa de bendición; así Dios podría reafirmar su pacto con él. Cuando Jacob oyó el llamado de Dios para regresar a Betel, reunió a su familia y les dijo: «Desháganse de los dioses ajenos que hay entre ustedes; purifíquense» (Génesis 35:1-15).

Jacob entendió que si él y su familia querían experimentar toda la bendición que Dios les tenía preparada, tendrían que eliminar ciertas cosas. ¿Cuáles eran estas cosas? Los dioses ajenos. ¡Los ídolos!

Dejen atrás las cuestiones típicas de un niño

Es asombroso con cuánta facilidad los hombres hacemos un ídolo de cualquier cosa. No nos referimos a una estatua de un dios extranjero. Nos referimos a los ídolos que creamos en nuestra cultura o mediante nuestras propias preferencias u obsesiones. Un ídolo es todo lo que te produce más pasión. Los deportes: practicar deportes, mirarlos por televisión, conversar sobre deporte. El dinero: hacer dinero, gastar el dinero, hablar sobre el dinero, acumular dinero. Los objetos: autos, embarcaciones, casas, tablas de surf, palos de golf, guitarras, tecnología, juegos de computadora, ropa, comida, etc. Si mencionan algo, es casi seguro que alguien lo ha convertido en un ídolo. La lista para cada persona es tan única como la persona misma. Y cuando combinan un hombre y una mujer en el matrimonio, obtienen una amplia variedad de posibles ídolos que adquirirán prioridad en esa relación.

Todas las actividades y artículos que enumeramos son bastante inofensivos en sí mismos y, en algunos casos, hasta son buenos. En cambio, si perdemos la perspectiva adecuada, les damos más importancia en nuestra vida de lo que deberíamos y nos convertimos en adoradores de ídolos que amenazan nuestro bienestar espiritual y matrimonial.

Los ídolos y las actividades triviales

B Conozco de primera mano lo que es la lucha contra la idolatría. Desde el momento en que monté la primera ola a los trece años, quedé prendado por el surf. Entre los dieciséis y los veinte años, casi no perdí un día sin ir a deslizarme por el agua.

Luego, cuando me casé con Cheryl, como mencioné en la introducción, ingenuamente pensé que a ella le encantaría sentarse en la playa todo el día para mirarme practicar surf. Cada día libre, ¿adivinen a dónde íbamos? Cierto, a la playa para que pudiera practicar surf, y ella pudiera observarme y admirarme.

Al menos, eso pensaba.

A medida que las tensiones aumentaban entre nosotros, supe que teníamos un problema. Sin embargo, era terco y estaba decidido a seguir con mi surf. Pasamos años discutiendo sobre este problema. Yo trataba de justificar mis acciones diciendo que este interés que me consumía por completo era un hábito adecuado y hasta muy saludable.

Segundo fundamento: Eliminen

En retrospectiva, puedo ver lo increíblemente egoísta que era. Sin embargo, me llevó algún tiempo despertar. Recuerdo momentos en que hubiera tenido que estar en casa o haber salido a divertirme con Cheryl y los niños, pero en su lugar salía a practicar surf, esperando esa última gran ola que parecía no llegar nunca.

La mayor parte del tiempo me sentía desdichado porque estaba bajo la convicción del Espíritu Santo. Y de manera lenta, pero segura, comencé a ver que mis prioridades estaban desequilibradas por completo. Comencé a realizar los cambios hacia los que me impulsaba el Señor, y comencé a escuchar la petición perfectamente razonable de mi esposa de que comenzara a actuar como un hombre, un esposo, un padre y dejara de actuar como un adolescente. Para decirlo en pocas palabras, comencé a dejar atrás las cuestiones típicas de un niño.

No es que nunca más tuve que luchar con estos problemas; tengo historias similares sobre el golf (el deporte que juré no jugar nunca) y algunas otras obsesiones infantiles. No obstante, el Señor me mostró que Él quería que la relación con mi esposa y con mis hijos creciera y no fracasara. Me mostró que debía eliminar mi conducta infantil si quería llegar a ser un hombre saludable, completo y piadoso.

SOLO PARA HOMBRES:
Eliminemos las fantasías y las tentaciones

B Las fantasías son peligrosas. Si nos permitimos consentirnos en este aspecto, nos preparamos para la frustración, el descontento y el fracaso. Algunos hombres se aferran mentalmente a relaciones anteriores para fantasear con relación a lo que hubieran podido ser. Comparan a su esposa con otras mujeres que han conocido o con las que han tenido alguna relación.

Para permanecer arraigados con fuerza en tu vida, en tu matrimonio y en tu caminar con Cristo, debes eliminar las relaciones estrechas con cualquiera que te produzca sentimientos sexuales o románticos. En un matrimonio no hay lugar para un tercero. Jamás.

Algunos hombres me dicen que piensan que no hay problema en mantener relaciones estrechas con antiguas novias o exesposas, aun cuando sus esposas no estén de acuerdo. Estos hombres suelen decir que está bien salir a tomar un café con una antigua novia. Pueden encontrar una decena de razones por las que es saludable por completo comunicarse por teléfono, por correo electrónico o por mensaje de texto con un viejo amor que los encendía, que resulta una manera apropiada en verdad de decirlo. Salomón hizo la pregunta retórica: «¿Tomará el hombre fuego en su seno sin que sus vestidos ardan?» [Proverbios 6:27, RV-60]. ¡Es obvio que la respuesta es no!

La mayoría de los casos de infidelidad en el matrimonio comienza de manera bastante inocente. Existe un apego emocional antes de que se produzca el encuentro sexual. Hombres, permítanme repetirlo: Eliminen cualquier relación estrecha con miembros del sexo opuesto. Son inadecuadas para un hombre cristiano y, en definitiva, son perjudiciales para el matrimonio.

Liberarse de afectos pasados es una manera de liberar el presente de la toxicidad de las fantasías.

Dejemos el pasado atrás

Las relaciones con mujeres no son la única parte del pasado de un hombre al que tiende a aferrarse. Muchos hombres se resisten o se lamentan por tener que crecer y asumir responsabilidades. Hay algo en nuestra naturaleza y en nuestra cultura que nos alienta a tratar de aferrarnos para siempre a nuestra juventud, incluso a costa de nuestro crecimiento y bienestar personal. Fíjate en todos los roqueros que han envejecido y que se niegan a aceptar el hecho de que son mayores. Es triste verlos, ¡y es aun más triste escucharlos!

Incluso hoy en día se nos dice que no debemos preocuparnos porque los cincuenta son los nuevos cuarenta, y los cuarenta son los nuevos treinta. Los estadounidenses, en especial los californianos, queremos seguir siendo jóvenes por siempre. Sin embargo, Dios quiere que maduremos. Él nos llama a ti y a mí a dejar de lado las actitudes infantiles y a ser esposos y padres responsables. Y quiere que las mujeres sean esposas y madres responsables. Los matrimonios santos y saludables se forman cuando hombres y mujeres eliminan esas cosas que compiten con sus matrimonios y que piden atención, cuidado y energía.

¿Estás casado pero sigues viviendo como si fueras soltero? ¿Sales con los muchachos por las noches? ¿Sales con los muchachos el fin de semana para seguir con pasatiempos que ahora se han vuelto tóxicos para tu matrimonio? La Biblia dice que un hombre debe dejar a su padre y a su madre para unirse a su mujer. ¡Fácilmente podría decir que un hombre debe dejar a sus compinches de la niñez para unirse a su mujer!

No recomiendo que dejes de pasar tiempo con buenos amigos de vez en cuando, como tampoco sugiero que una vez que dejas a tu padre y a tu madre no tengas más nada que ver con ellos. Es cuestión de darle a cada relación la importancia adecuada. Tu esposa y tu familia son ahora las prioridades ordenadas por Dios. Celebra este regalo y este privilegio.

Eliminemos las tentaciones sexuales y los pecados

Seré franco respecto a este tema importante: La inmoralidad sexual es la principal causa, desde el punto de vista masculino, de fracaso matrimonial en la actualidad. ¡Los hombres están sexualmente fuera de control! La pornografía está desenfrenada en la cultura y tiene un predominio sorprendente en la iglesia. No podemos pensar que somos inmunes a la tentación. En realidad, esa clase de expectativa es justo lo que pone en problemas a los hombres cristianos. Si un hombre se da el gusto de mirar pornografía o de fantasear, piensa que es el único que se enfrenta a esta lucha. El secreto crece y pasa a pecados mayores y a una mayor culpa. No somos inmunes. Y todo hombre debería saber que la lucha es real, está presente y se puede eliminar con la ayuda de Dios.

Casi todos los hombres que crecieron durante la revolución sexual de las décadas de 1960 y 1970, o después, tenemos que librar una batalla diaria contra la sobreexposición y la excesiva fascinación con el sexo. Cuando era adolescente, miraba las revistas *Playboy* y *Penthouse*, y hacia la mitad de los años adolescentes mi vida estaba casi dominada por deseos sexuales insatisfechos. Durante los años del instituto, mis amigos y yo competíamos por ver con cuántas muchachas podíamos dormir. Nuestra visión de la sexualidad estaba tan distorsionada que considerábamos que esta era una conducta muy normal y aceptable. ¡Mi padre estaba orgulloso de que su hijo trajera a casa una muchacha diferente cada fin de semana!

No soy explícito solo para causar una conmoción. No contar toda la verdad sobre mi pasado sería disminuir la inmensa dimensión de este problema para mí y para incontable cantidad de hombres. Dorar la píldora o hablar sobre este tema por arriba en lugar de ir directo al corazón del mismo sería un perjuicio para tu bienestar personal y espiritual. Este es el mundo real tal como yo, y prácticamente todos los que conozco, lo experimentamos. Y todo esto sucedió antes del advenimiento de la Internet. A partir de entonces, solo ha empeorado.

La obsesión sexual es una batalla diaria porque Satanás nos bombardea con recuerdos e imágenes de nuestro pasado para tratar de enredarnos otra vez. No podemos darle ningún tipo de ventaja. El enemigo solo estará satisfecho cuando estemos destruidos por completo. Su objetivo es destruir no solo nuestros matrimonios, sino nuestras vidas y las vidas de nuestros hijos. No le des la satisfacción de ser desleal a tu pureza y a la santidad de tu matrimonio.

Liberemos nuestra vida de la pornografía

La pornografía se puede encontrar en cualquier parte donde quieras buscarla: en la Internet, en los canales de cable, en un montón de revistas o en el desenfreno de tu imaginación. Si la pornografía se ha vuelto parte de tu vida en cualquier grado y en cualquier forma, debes erradicarla. Si tienes que desconectar la Internet y el servicio de cable porque no tienes dominio propio, ¡hazlo! Si tienes que evitar detenerte en lugares donde venden pornografía o materiales con alto contenido sexual, ¡hazlo!

Hace algunos años, visitábamos algunos amigos en España. En ese país, a las mujeres les gusta desnudarse para tomar el sol. No me llevó mucho tiempo darme cuenta de que si iba a pasar algún tiempo en la playa, tenía que ser temprano por la mañana antes de que llegaran los que tomaban sol, o tarde una vez que regresaran a sus hoteles. Algunas veces, un hombre me ha dicho que no le afecta la vista de mujeres con escasa ropa y, por lo tanto, no necesita preocuparse por lo que ve y tiene libertad para navegar en la Internet. Pretende que puede mirar los últimos trajes de baño de *Sports Illustrated* o el catálogo de *Victoria's Secret,* e incluso mirar cualquier cosa que le guste en el cable. Todo lo que puedo decir de un hombre así es que está terriblemente engañado y ya se encuentra en las garras del enemigo.

¿A dónde te encuentras en esta lucha? ¿Mantienes la pornografía alejada de ti o es algo en lo que estás inmerso y no puedes encontrar la salida? A decir verdad, no existe un estado intermedio. Los hombres tratan de justificar el «solo miro» como un lugar seguro que no impacta sus pensamientos ni sus matrimonios. Sin embargo, estos son argumentos puramente engañosos.

La victoria sobre cualquier forma de inmoralidad sexual es posible. Por la gracia de Dios y el poder del Espíritu Santo podemos estar libres de la atadura del pecado sexual y salvaguardar nuestros matrimonios de ese elemento destructivo. Entonces, ¿cómo?

1. Consideremos que la inmoralidad sexual ofende en verdad a Dios y termina trayendo su juicio sobre nosotros a menos que nos arrepintamos. Como dijo Pablo:

> Ninguno que sea libertino, inmundo, o avaro (es decir, ningún idólatra), tendrá parte en el reino de Cristo y de Dios. Que nadie los engañe con palabras vanas, porque por estas cosas viene la ira de Dios sobre aquellos que no lo obedecen. Por tanto, no se junten con esa clase de gente. En otro tiempo, ustedes eran oscuridad; pero ahora son luz en el Señor (Efesios 5:5-8).

Como mencioné antes, llegué a Cristo con un estilo de vida inmoral en lo sexual y comprendí desde el comienzo mismo de mi compromiso espiritual que mi conducta sexualmente impura era inaceptable para Dios. Hasta el día de hoy, sé que esto es así. No quiero hacer nada que contriste al Espíritu de Dios. Comprendo y respeto mi completa dependencia de Él para hacer lo que hago, y jamás quisiera arriesgarme a contristar, ni apagar al Señor, ni a poner en riesgo el llamado que Él ha puesto en mi vida. Tampoco quiero deshonrar el nombre de Cristo y hacer que mucha gente que ha confiado en mí como su pastor tropiece, dude o caiga. Con solo pensarlo me estremezco.

Ya seas ministro, abogado, fontanero, psicólogo o cajero, eres un hijo de Dios llamado con un propósito y un camino. La pornografía es un sendero engañoso que solo lleva a la destrucción de tu atención fiel al llamado de Dios. ¿Qué arriesgas cada vez que consideras la posibilidad de mirar un sitio en la Internet que explota sexualmente a las mujeres? ¿Qué pones en riesgo cuando permites que tus pensamientos se conviertan en fantasías? No consideres solo las pérdidas, sino también todo lo que ganas al convertirte en un hombre que honra a Dios incluso cuando nadie lo ve.

2. Pensemos en nuestras esposas y en el compromiso que hicimos cuando nos paramos delante de Dios e hicimos nuestros votos de amor y fidelidad a ellas. Traicionar a mi esposa con otra mujer, ya sea real o virtual, es un pensamiento que me descompone. No en el sentido de que estoy por encima de eso o que soy tan santo que jamás podría hacer algo así, sino en el sentido de que ella quedaría devastada por completo y con el corazón destrozado. Ella me ama tanto y confía en mí de manera tan explícita que traicionarla de tal modo sería un acto de impensable maldad.

A lo largo de los años, he soñado alguna vez que le era infiel a mi esposa. En esos sueños, deseo con desesperación poder deshacer lo que hice. Le ruego a Cheryl que me perdone, mientras ella está perpleja, destrozada, desesperada y sin poder creerlo. Le digo que todo fue un error y que la amo de verdad. Justo en el momento en que no puedo soportar más la agonía de haber decepcionado a Dios, a Cheryl y a mí mismo, me despierto, algunas veces con sudores fríos. Me lleva algunos minutos darme cuenta de que solo fue un mal sueño, ¡una pesadilla! Sin embargo, cuando recupero del todo los sentidos, comienzo a agradecerle a Dios que solo fuera un sueño y no una realidad. Algunas veces, me he sentido tan eufórico que me he dado vuelta para abrazar y acariciar a mi esposa que duerme y que, por supuesto, no tiene idea del suplicio por el que acabo de atravesar.

A decir verdad, creo que el Señor ha permitido estos sueños para advertirme sobre las devastadoras consecuencias que vendrían si me rindiera a la carne.

3. Pensemos en nuestros hijos. Una de las principales características del pecado sexual es que la persona se somete de forma irracional a sus pasiones y, por lo tanto, ya no piensa en las consecuencias de sus acciones. Como dijo Salomón:

> Por causa de una ramera [prostituta] uno es reducido a un pedazo de pan [...] El que comete adulterio no tiene entendimiento; destruye su alma el que lo hace [...] Al instante la sigue, como va el buey al matadero, o como uno en grillos [grilletes] al castigo de un necio [...] Su casa es el camino al Seol, que desciende a las cámaras de la muerte (Proverbios 6:26, 32; 7:22, 27, LBLA).

Miro a mis hijos y me doy cuenta de que con un solo acto de indulgencia conmigo mismo podría destruir sus vidas y, en potencia, destruir su fe. Creen en mí. Confían en mí. En cierta medida, creen en Jesús porque se los enseñé yo. La idea de serles de piedra de tropiezo es algo que ni puedo pensar. La idea de deshacer todo lo que le hemos enseñado y lo que hemos establecido en sus vidas a lo largo de los años es un precio más alto de lo que jamás quisiera pagar. Mi hijo mayor le dice a su congregación (es pastor) que yo soy su héroe, su mentor y el que le enseñó gran parte de lo que conoce del Señor. ¿Podría echar por la borda todo eso por un momento de placer? ¡Dios no lo quiera!

Y, luego, está mi hijo menor. Me siento con él para aconsejarlo sobre todos los aspectos de la vida. Lo aliento a seguir a Cristo. ¿Podría tomar en serio lo que le digo si mi compromiso con Cristo no pudiera mantenerme fiel a su madre? Mis hijas son hermosas jóvenes. ¿Estoy dispuesto a arriesgarme a la posibilidad de que piensen que soy un pervertido y un hipócrita? ¿Cómo puedo esperar que tengan un matrimonio bendecido y una relación saludable con sus cónyuges si debido a mi pecado y lujuria no pueden confiar en que sus cónyuges les sean fieles? De ningún modo, estas consecuencias son mayores de lo que podría soportar. El precio del pecado es demasiado alto.

Antes de que puedas comenzar a avanzar en dirección a cumplir el deseo de tu carne, tómate un minuto para pensar en las vidas que devastarás y el Dios que deshonrarás. Tómate una hora y revisa la vida de David, que por un momento de placer con Betsabé, la esposa de otro hombre, cosechó una vida de miseria y de lucha. ¡Elimina el pecado sexual!

Lo que deben soltar las mujeres

En 1996, Brian, nuestros cuatro hijos y yo nos mudamos a Inglaterra para servir al Señor en una iglesia recién formada: *Calvary Chapel Westminster*, Londres. Esta mudanza requirió una

Segundo fundamento: Eliminen

buena liquidación. Nuestro garaje rebosaba de cosas que habíamos juntado durante trece años de vivir en la misma comunidad. Lo que podíamos llevar con nosotros tenía límites. Además, muchos de los artículos domésticos que valorábamos en Estados Unidos no nos servirían en Inglaterra. Debíamos eliminar lámparas, aspiradoras, aparatos eléctricos y cualquier otra cosa que nos entorpeciera.

Jamás olvidaré la venta de garaje que tuve con los niños. Me quedé mirando muchas de nuestras pertenencias esparcidas por el jardín del frente. Incluso al precio más bajo, los pequeños floreros y figurines que había atesorado y guardado durante años no podían venderse ni por diez centavos. Por fin, comencé a regalar estos artículos con cada compra. Ante mi asombro, los clientes los devolvían, incluso los sacaban de las bolsas cargadas y meneaban la cabeza como pidiendo disculpas. Los muchos objetos que habíamos acumulado, grandes y pequeños, debían eliminarse ya fuera que ganáramos dinero o no. Nuestra nueva vida no podía incluir todo lo que habíamos acumulado a lo largo de los años.

De manera similar, para poder disfrutar de una nueva vida en Cristo y del matrimonio abundante y transformador que Dios quiere que tengas, existen conductas, pensamientos y conceptos erróneos que debemos eliminar. Los problemas que las mujeres deben entregar al cuidado de Dios pueden ser diferentes a esos que deben rendir los hombres, pero las luchas y las recompensas pueden ser muy similares.

Elimina las comparaciones

Después que me enteré de que una mujer con la que hablaba tenía más o menos mi edad, comencé a estudiar su rostro. Lo que me daba vueltas en la cabeza era: *¿Yo tendré tantas arrugas como ella?* De inmediato, salté a la comparación. Tuve que frenarme y decir: *¡Detente!*

Las comparaciones son mediciones falsas. Dios nos llama a medir nuestro valor solo mediante su norma absoluta.

En las bóvedas de la Oficina Internacional de Pesos y Medidas en Sevres, Francia, antiguamente se guardaban todos los prototipos internacionos (las verdaderas medidas) de peso y altura. Aunque casi todos se han sustituido por definiciones basadas en constantes físicas, todavía podrás encontrar allí el prototipo original del kilogramo. Ya sea que estén definidas por constantes físicas o por un objeto real, estas son las normas definitivas. Se deben tener, porque de lo contrario los pesos y las medidas comenzarán a perder sus valores y su precisión específicos (en especial, si solo se comparan con otros pesos y medidas que podrían ser falsos). Dios es nuestra verdadera medida de todo lo que es bueno, adecuado y santo.

Mientras se preparaban para un retiro, las coordinadoras de la actividad y yo pusimos a mi entusiasta amiga Dee a cargo de cortar metros de cinta. Mientras conversaba con otra ayudante, comenzó a medir cada cinta por la que acababa de cortar en lugar de usar la plantilla original. Con cada corte, las cintas de quince centímetros aumentaron hasta que las últimas medían cerca de treinta centímetros. Eso es justo lo que sucede cuando comenzamos a comparar nuestros matrimonios o nuestras vidas con las de otros: perdemos de vista lo que queremos alcanzar. Y eso es lo mejor que Dios tiene para ti y para mí en lo personal.

Cuando comienzas a comparar tu experiencia con la de otros, pierdes la valoración de lo que Dios te ha dado a ti. Es fácil caer en el descontento, la frustración y el resentimiento. ¿Alguna vez has dejado de invertir en lo que tienes porque perdiste tiempo y energía comparándote con tu amiga o con el matrimonio de tu vecina? ¿Alguna vez has tratado de forzar a tu familia para que entre en cierto molde debido a que te concentrabas en una medida mundana en vez de hacerlo en la norma de Dios?

Alaba a Dios por los cimientos de tu familia

En el tiempo del sacerdote Esdras, los judíos que regresaron del exilio en Babilonia se preparaban para reconstruir el templo de Dios. Se necesitaba mucho trabajo para esta tarea. La gente trabajó removiendo escombros y limpiando un lugar donde poner los cimientos del templo. Después de algún tiempo, los cimientos estaban hechos. En el día de su dedicación, una parte del pueblo lloraba mientras que los otros gritaban y el resultado fue la confusión.

Los que lloraban lo hacían porque los nuevos cimientos parecían mucho más pequeños que los del primer templo construido por el rey Salomón y destruido por el rey Nabucodonosor de Babilonia. En lugar de regocijarse porque Dios les permitió regresar a la tierra y tener otra vez un lugar en su amada Jerusalén, prefirieron comparar los cimientos de este templo con el antiguo templo imponente de Salomón. Debido a este espíritu de comparación, los que se esforzaron tanto en el trabajo se sintieron desanimados en lugar de con deseos de celebrar. Rezongaban en lugar de cantar alabanzas.

Cuando comparamos nuestro matrimonio con las relaciones que entrevemos en la iglesia, en nuestra comunidad o incluso en televisión, nos parecemos a los que lloraban pensando en los cimientos del templo anterior. Nos lamentamos por lo que no tenemos, por lo que perdimos y por lo que jamás será. En medio de la obra que Dios está haciendo en nuestras vidas, tenemos la audacia de no valorar lo que Él pone y construye en ese preciso momento.

Sé lo fácil que es deslizarse hacia el modo comparativo y socavar mi matrimonio. Recuerdo una noche cuando me aparté por completo del reconocimiento de la obra de Dios en nuestra relación y, en cambio, concentré toda mi atención en la brecha que había entre Brian y yo, y una pareja al parecer perfecta. Nos íbamos a encontrar con esta pareja para cenar, pero un acalorado altercado demoró mi llegada. Brian y yo conversamos por teléfono sobre la dificultad que teníamos, así que yo llegué más tarde y por mi cuenta. Cuando estábamos sentados en la mesa, con vergüenza admití: «Llegué tarde porque estuvimos discutiendo, pero ustedes saben cómo es eso».

La mujer meneó la cabeza y me miró como si no entendiera.

Dirigí la mirada hacia el hombre. «Tú discutes con tu esposa algunas veces, ¿no es así?» La misma mirada de incomprensión cruzó el rostro del esposo. Eso fue hasta que le dirigió la mirada a su esposa. Se quedó mirándola con cariño y me dijo: «Nosotros nunca discutimos. Jamás».

Establecí contacto visual con Brian, con la esperanza de que me diera algo de apoyo, pero él simplemente sonrió. «Bueno», confesé, «Brian y yo sí discutimos algunas veces».

La pareja miró a mi esposo con compasión y menearon la cabeza con tristeza. Durante el resto de la comida y en el camino de regreso a casa me sentí deprimida, sin valor y humillada. Más tarde esa noche, todavía obsesionada con el tema, le dije a Brian: «No quiero volver a pelear contigo nunca más. Esa pareja no pelea».

De un modo algo impertinente, Brian contestó: «¿Y a quién le importa? Nosotros discutimos y no hay problema».

Como resultado de una sensación de agotamiento y derrota, discutí con él. Le di todas las razones que pude por las que no volvería a participar en una pelea o discusión con él nunca jamás. Por supuesto, ¡estaba haciendo precisamente lo que decía que no quería hacer!

Brian respondió con calma que la naturaleza de nuestro matrimonio incluía algún desacuerdo ocasional, y que hasta disfrutaba de esos momentos en que su inclinación al debate se encontraba con mis opiniones apasionadas. Así nos hizo Dios. Me dijo que le parecía que Dios usaba nuestros desacuerdos para mejorarnos y moldearnos.

Entonces me di cuenta de lo destructiva que era cuando me permitía comparar nuestro matrimonio con cualquier otra cosa que no fuera la obra y los cimientos de Dios en nuestro matrimonio, esta unión que estimo de precioso valor para Él y para nosotros. Era hora de que dejara de quejarme, de comparar y de protestar, y que usara mis días para celebrar *mi* matrimonio y cantar alabanzas a Dios por los cimientos que forma cada día.

SOLO PARA MUJERES:
Eliminen las expectativas irreales

Antes en este capítulo, Brian les habló a los hombres sobre eliminar las fantasías. Bueno, el mismo asunto les concierne a las mujeres, pero me gusta llamarlo la «eliminación de las expectativas irreales». Créeme que es una batalla muy parecida. Es solo que traemos nuestro propio pasado, nuestras esperanzas y nuestros conceptos erróneos a la escena.

Toda mujer comienza su matrimonio con ciertas expectativas respecto al esposo. Esperamos que se interese y participe en cada aspecto de nuestra vida. Esperamos que conozca con exactitud lo que queremos para nuestro cumpleaños (sin que se lo digamos). Esperamos que escuche con atención cada palabra que sale de nuestros labios y nos haga todas las preguntas adecuadas de modo que pueda conocer íntimamente nuestros corazones. Esperamos que escriba canciones y poemas de amor en nuestra ausencia para decirnos lo mucho que nos extraña. Bueno, detesto ser yo la que te lo diga, pero la mayoría de los hombres no funciona de esa manera.

¿De dónde sacamos estas ideas? Las sacamos de héroes de la ficción que nacieron en la imaginación de otra mujer. Sacamos estos ideales de canciones escritas para atraer a las mujeres y para hacer que las mujeres paguen por escucharlas, a fin de que el escritor y el cantante se enriquezcan. Sacamos estas ideas de las películas donde los hombres siempre están bien vestidos, limpios (incluso cuando sudan), y sin excepción son deslumbrantes.

Lo cierto es que los hombres no siempre huelen tan bien, se ven tan bien, ni actúan tan bien. Y si se ven deslumbrantes, suelen estar en la puerta para salir hacia su trabajo, hacia un partido de béisbol o al garaje para un rato de ocio. Entonces, si somos sinceras, esperamos que los hombres tengan las cualidades que no tenemos nosotras. ¿Quién de nosotras es perfecta? ¿Quién puede leer la mente? ¿Quién tiene una belleza inmortal?

Debemos aceptar a nuestros hombres tal como los hizo Dios. Puedes seguir orando por el crecimiento de tu esposo. También puedes regocijarte cuando se transforma según el propósito de Dios con el paso de los años. Sin embargo, también debes amarlo y alentarlo en el lugar donde está, tal como es y como quién es hoy.

Vive en el mundo real y disfrútalo

A fin de eliminar las expectativas irreales, hace falta eliminar las fuentes que nos alimentan las mentiras sobre la vida, el amor y el matrimonio. Esto puede incluir algunas películas, novelas románticas, sitios web de las celebridades o de chismes, o cualquier otra cosa que te haga pensar que tu esposo debería ser de una manera distinta a la que es. Debo añadir que si estas fuentes presentan falsas expectativas y definiciones de amor, también hacen daño de forma individual. Esas normas irreales o versiones falsas de la «buena vida» te harán sentir incompetente y estafada. Se alejan de la abundancia que te llega a través de las verdades de Dios.

Detesto admitirlo, pero solía ser adicta a las telenovelas. (¡No se lo cuenten a mi madre!) Fue durante un período corto, pero lo bastante largo como para crear efectos negativos que se infiltraron en mi conducta. Durante este tiempo en que me permitía estos dramas diurnos, me volví crítica en extremo de Brian. Todo lo que hacía me molestaba. Mientras tanto, mi mente estaba llena de imágenes románticas pero irreales de la televisión de la tarde. Un día, me di cuenta de que no estaba pensando en lo que era verdadero, noble o puro, las normas que se dan en la Palabra en Filipenses 4:8-9. En cambio, mi imaginación estaba llena de falsas imágenes y esas imágenes me robaban el gozo de las cosas reales.

Decidí hacer un experimento para ver si eran las telenovelas las que hacían que mi corazón estuviera inquieto. Dejé de mirar estos programas durante toda una semana. Por supuesto, descubrí que entraba a la vida real y pensaba según esta vida que me rodeaba. Dejé de criticar a Brian y comencé a disfrutarlo. Además, me di cuenta de todas las cosas por las que debía estar agradecida en mi versión de la vida, porque volví a concentrarme en las promesas de Dios que se cumplían en mi matrimonio y en mi familia. Podía ver la verdad sin la confusión mental y espiritual de una versión fingida de la felicidad. Entonces, ¡abandoné para siempre las telenovelas!

Conoce a tu esposo, ama a tu esposo

Mis amigas suelen comentar lo maravilloso que es Brian al comprarme solo lo que quiero para Navidad o para mi cumpleaños. Maravilloso, ¿no es cierto? Bueno, tengo un secreto. ¡Le digo con exactitud lo que quiero! Le dejo notas por todas partes semanas antes de que llegue mi cumpleaños. Reservo lo que quiero en cierta tienda y, entonces, él puede ir a comprarlo sin problema y con confianza. También les digo a mis hijos que le recuerden a papá lo que quiero. Algunas veces, llevo a Brian justo donde se encuentra lo que me gusta y le digo: «Esto es lo que quiero».

Los hombres no pueden leernos la mente en cuanto a regalos ni a nuestro estado de ánimo. Necesitan que les aclaremos lo que sentimos o deseamos. Si insinuamos que necesitamos un abrazo, no da resultado. Aunque creemos que indicamos con claridad lo que necesitamos, es probable que enviemos señales mixtas. Si deseamos un abrazo o una señal de afecto, pero también queremos que se den cuenta de esto a fin de probarnos que nos aman, tendemos a distanciarnos y a enviar señales mal vistas. Y cuanto más tiempo le lleva al esposo intuir con precisión lo que anhelamos, más enojadas nos ponemos. Más frías somos. Nuestras señales dicen cada vez más: «¡Aléjate!».

Los hombres suelen concentrarse en una cosa a la vez. Esto quiere decir que pueden pasar por alto algo evidente que está justo delante de sus narices. Para las mujeres, esto parece atroz y extraño por completo debido a que hacemos maniobras a través de un laberinto diario de pensamientos y enfoques en nuestras mentes de tareas múltiples. Sin embargo, una vez tras otra vemos en acción esta gran diferencia entre los esposos y las esposas. Si mandas a tu esposo a buscar mantequilla al refrigerador, es muy probable que regrese a la mesa para informarte que la mantequilla se acabó. Entonces, te diriges al refrigerador, abres la puerta y tomas una de las *seis* barras de mantequilla guardadas en el estante de la derecha.

Después de vivir dieciocho meses en la misma casa en Inglaterra, mi hija le pidió a Brian que se fijara si sus vaqueros estaban secos. Se dirigió hasta la lavadora, abrió la puerta y declaró: «No sé de qué está hablando esta chica. Aquí no hay ningún vaquero». Entonces, pasé junto a él hacia la secadora y saqué el vaquero que faltaba. ¿Te sientes identificada?

Dios nos hizo diferentes para que entre los dos, al estar unidos, pueda existir una plenitud de pensamiento.

Las mujeres son intuitivas, íntimas y prestamos interés. Les añadimos estas virtudes a nuestros hombres. Muchas veces, somos el nexo hacia una comprensión profunda, hacia la intimidad y el interés en el mundo que los rodea, o en los aspectos vitales de la vida hogareña y de la vida de fe. Vemos lo que les falta. Los acercamos a nosotras. Hacemos las preguntas adecuadas y descubrimos la información que falta. Además, si podemos ver nuestro importante papel como una maravillosa parte de la salud y la estabilidad de nuestro matrimonio, podemos adoptar nuestro valor como mujeres y esposas piadosas.

¿Qué debes eliminar?

Si eres cerca de lo «normal», es probable que haya otras adicciones, pensamientos o conceptos erróneos que debes eliminar de tu corazón, de tu mente y de tu estilo de vida si deseas tener un matrimonio bendecido. Hebreos 12:1 habla de que nos «liberémonos de todo peso y del pecado que nos asedia», a fin de que podamos correr la carrera que tenemos por delante con perseverancia.

No podemos nombrar de manera específica los pesos o pecados que quizá estén impidiendo el progreso en el matrimonio, pero es muy probable que el Espíritu Santo te traiga en este mismo momento a la mente esas cosas precisas que debes eliminar. Tal vez se trate de una amiga que siempre critica a tu esposo, a lo mejor es tu propia tendencia a quejarte, es posible que se trate de un lugar que frecuentas que trae la tentación a tu corazón. Así como tu matrimonio es único por completo, también lo son las cosas que debes eliminar. No compares. No te preguntes a ti misma o a Dios por qué tienes que renunciar a esas cosas mientras que otras pueden retenerlas un poquito más. Solo por el bien de un matrimonio bendecido, déjalas de lado.

El apóstol Pablo escribe en Romanos 13:14: «Revistámonos del Señor Jesucristo, y no busquemos satisfacer los deseos de la carne». Cuando hablamos de eliminar influencias que no son saludables para tu matrimonio ni tu vida, decimos lo mismo que dijo Pablo: No dejes espacio para volver a las cosas que estás eliminando. No las escondas durante algún tiempo, ni las empaques, ni dejes tan solo de practicar estas cosas, ¡elimínalas!

Ora y pídele a Dios que obre en ti para restaurar tu comprensión de su medida, sus normas y sus prioridades para la relación entre esposos. Que tu matrimonio sea bendecido y pleno, y que esté asentado por completo sobre el cimiento que Dios está formando para su vida mutua.

Conocer es crecer

1. ¡Hemos abarcado mucho territorio en este capítulo! Repasen las secciones y marquen los aspectos que quisieran conversar con su cónyuge o por los que también pueden orar de forma específica por su vida.

2. ¿A qué cosas infantiles siguen aferrándose? Piénsenlo y hónrense el uno al otro escuchándose mientras cada uno cuenta lo que sigue llevando consigo del pasado. Este no es momento para presentarle al cónyuge una lista de sus problemas. Es un tiempo de conciencia de uno mismo y de Dios. Concéntrate en qué aspectos deben trabajar.

3. Conversen sobre cómo veían la relación sexual mientras crecían. ¿Lo veían como algo trivial o como un mal de la carne? ¿Tenían una comprensión de la belleza de esta intimidad que Dios creó para el placer y la conexión de los esposos con las esposas? Reclamen la verdad del regalo de Dios de la intimidad sexual. Permitan que esta verdad les ayude a comprometerse a eliminar estas fantasías, pornografía, definiciones equivocadas y toda otra percepción que sea una barrera para tener una vida sexual saludable y satisfactoria el uno con el otro.

4. ¿De cuáles expectativas o autoengaños necesitan liberarse cada uno de ustedes? Si no quieren expresar esto en voz alta, dediquen

algún tiempo para meditar en esta cuestión; oren por separado y luego oren el uno por el otro a fin de tener fuerza y aceptar la bondad y el potencial de una vida *real*.

5. Conversen sobre lo que quieren eliminar de su hogar que sea un tropiezo para ustedes o para sus hijos en la búsqueda de la fe, la pureza y el propósito. Los cambios sencillos pueden crear un entorno mejor. Por ejemplo, coloquen la computadora familiar en un área abierta de modo que nadie se vea tentado a mirar material con contenido sexual o a comunicarse con alguien que no deba hacerlo. (¡Esta será una buena medida si tienen hijos! Cada vez se ven más tentados por los ofrecimientos de ciertos sitios en la Internet).

Gracia para crecer juntos

Dios, revélanos todo aquello a lo que nos aferramos y que no sirve para tu propósito ni para tu voluntad. Danos fuerza para resistir la tentación y el corazón para aceptar tus promesas y tu visión para un matrimonio completo y amoroso. Construye en nosotros la convicción de que necesitamos perseverar en los tiempos difíciles, de compararnos a nosotros mismos y a nuestro matrimonio solo con tu medida, y a alabarte por todo lo que haces en nuestra unión y a través de ella. Bendice nuestro matrimonio de modo que sea una ofrenda buena y agradable a ti.

Tercer fundamento:
Estimen

Sea el matrimonio honroso [digno de estima, preciosos, de gran valor y amado en especial].*
HEBREOS 13:4, LBLA

* Énfasis añadido

Tercer fundamento

Estimen

El valor del matrimonio en nuestra cultura ha caído en tiempos difíciles. La gente solía tenerlo en alta estima. Se le consideraba sagrado. Sin embargo, con el tiempo, en nuestras mentes y corazones se ha establecido la actitud de: «¿Por qué molestarse?» o «¿Para qué sirve?».

Solemos oír a la gente que habla de su esposo o esposa, pero hoy en día oímos a los compañeros de trabajo, a los vecinos y a algunos amigos hablar de su «pareja»: la persona con la que viven como si fuera su cónyuge, pero sin el compromiso ni la reverencia de un matrimonio.

Muchos ven al matrimonio como si no fuera más especial que una construcción basada en un sistema de valores pasados de moda y obsoletos, y creen que debería sustituirse por algo más relevante para los valores tolerantes y multiculturales de hoy. Muchos legisladores en los Estados Unidos han declarado que el matrimonio entre personas del mismo sexo es constitucional, y hay ideas similares que prevalecen en Europa, Canadá, Australia, Nueva Zelanda y Sudáfrica. Incluso, algunos países latinoamericanos han aceptado la idea.

¿Estas nuevas perspectivas son apropiadas? ¿Existe alguna razón para sostener la visión respetada y tradicional del matrimonio? ¿El matrimonio es solo una construcción humana que podemos ajustar o desechar según nos parezca adecuado?

Dios tiene respuestas para nosotros, y su Palabra y su sabiduría nos muestran cómo respetar y estimar el matrimonio que Él pensó... y también *nuestro* matrimonio como Él lo planeó.

¿Cómo se siente Dios respecto al matrimonio?

B Según la Biblia, el matrimonio se originó en Dios y debe entenderse a la luz de lo que Él tiene que decir al respecto. En el libro de Génesis (el libro de los comienzos) leemos:

> El Señor Dios dijo: No es bueno que el hombre esté solo; le haré una ayuda idónea [...] Entonces el Señor Dios hizo caer un sueño profundo sobre el hombre, y éste se durmió; y Dios tomó una de sus costillas, y cerró la carne en ese lugar. Y de la costilla que el Señor Dios había tomado del hombre, formó una mujer y la trajo al hombre [...] Por tanto el hombre dejará a su padre y a su madre y se unirá a su mujer, y serán una sola carne (Génesis 2:18, 21-22, 24, LBLA).

Dios es el autor de la relación matrimonial y Aquel que presidió la primera ceremonia de boda. Cuando Jesús condenó el adulterio y el divorcio, repetidas veces enseñó que Dios es el autor del matrimonio y también el que establece sus límites.

Como creación de Dios, el hombre no debe alterar el matrimonio. Tampoco debe sustituirlo por algo más relevante desde el punto de vista cultural, ni debe redefinirse para que se adapte al capricho de una sociedad sexualmente liberada. En su lugar, debe tenerse en la más alta estima y se debe formar parte de él con el más profundo compromiso. Esto es justo lo que se nos dice en el Nuevo Testamento. «Sea el matrimonio honroso [digno de estima, precioso, de gran valor y amado en especial]» (Hebreos 13:4, LBLA).

Lo que el mundo piensa sobre el matrimonio debería ser irrelevante para nosotros que somos seguidores de Jesucristo. La falta de respeto que otros tienen por la definición de Dios del matrimonio y su deleite en él debería producirnos dolor, pero no debería cambiar nuestros corazones hacia esa perspectiva. Debemos mantener nuestro centro de atención en lo que Dios quiere que hagamos en relación con la institución que Él estableció para nuestro beneficio y bendición.

SOLO PARA HOMBRES:

Hablemos con claridad

B Hombres, ¿qué piensan de su matrimonio? ¿Lo ven como un regalo de Dios? ¿Qué piensan de su esposa?

¿La ven como el regalo de Dios para ustedes? ¿Tratan la relación con ella como si fuera un tesoro que se debe valorar y preservar?

Recuerdo que en los primeros años de la vida matrimonial, me juntaba con amigos y entablábamos joviales conversaciones en las que aporreábamos a nuestras esposas y nos lamentábamos de los «sufrimientos» que debíamos pasar para mantener feliz nuestro matrimonio. En broma, contábamos historias sobre algunas de las cosas extrañas que hacían nuestras esposas. Además, por supuesto, hablábamos sobre algunas de las locuras que querían que hiciéramos, como ir de compras con ellas todo el día al centro comercial; pasar nuestro día libre realizando tareas en la casa; cuidar a los niños para que ellas pudieran tener una noche libre con sus amigas; exigir que nos afeitáramos, nos diéramos una ducha y nos cepilláramos los dientes antes de ir a la cama, y otras cosas irracionales y descabelladas.

Aunque para nosotros eran divertidas, para las esposas no. Sabía que todo lo hacíamos en son de broma, pero descubrí que hería de verdad los sentimientos de Cheryl y provocaba que cuestionara mi amor hacia ella. Me di cuenta de que al participar en esa clase de mofa adolescente, dejaba de apreciar a la mujer que Dios me había dado. Debía arrepentirme.

El matrimonio es una mayordomía

Repito, ¿ves a tu esposa como alguien que Dios ha confiado a tu cuidado? Proverbios 18:22 declara: «El que halla esposa halla algo bueno y alcanza el favor del Señor» (lbla). ¿Te das cuenta de que se te ha dado una mayordomía de tu matrimonio de la que un día tendrás que rendir cuentas? (Si no estás familiarizado con la idea de la mayordomía, espera tan solo un momento).

A decir verdad, no creo que la mayoría de los hombres vea el matrimonio como lo ve Dios, y esta falta de comprensión causa muchos problemas en muchos matrimonios.

¿El tuyo es uno de esos que sufre de falta de estima? ¿Te sorprendes o te abrumas con la culpa por saber que Dios te pide que el matrimonio sea una mayordomía que te ha confiado Él?

Pienso que el concepto mismo de mayordomía es muy remoto. Hemos perdido el lenguaje de santidad y responsabilidad del uno para con el otro en nuestra cultura tan centrada en uno mismo. Sería bueno decir que esto ha sucedido solo en el terreno secular, pero no es así. No conozco a nadie que en algún momento u otro no haya luchado con la sobrealimentación del ego, que no haya insistido en que las cosas se hagan a su modo o que no haya buscado su propio beneficio en lugar del de Dios.

En tiempos del Imperio Romano, cuando se escribió la Biblia, un mayordomo era el administrador general de todos los asuntos y las posesiones de su señor. Al escribir a los corintios, Pablo se refiere a sí mismo como un mayordomo de los misterios de Dios, y entonces dice: «Se requiere de los administradores, que cada uno sea hallado fiel» (1 Corintios 4:1-2, RV-60). En general, los mayordomos tenían en alta estima a sus señores y cumplían sus tareas con la mayor diligencia y cuidado.

Si tú y yo comenzáramos a adoptar la visión de que somos mayordomos de nuestros matrimonios, ¿cómo cambiarían nuestras conductas, nuestro centro de atención y nuestras prioridades? ¡De manera rotunda! Veamos cuál es la perspectiva del mayordomo.

1. Dios es mi dueño; yo soy su siervo. Cuando pones a Dios como tu único dueño, eliminas los permisos propios para servirte a ti mismo primero. ¡Tu matrimonio tiene un propósito mucho mayor que tu gozo y satisfacción! Esto conmocionará a más de un hombre. Muchos dejan su hogar de solteros y entran en el matrimonio con la esperanza de que alguien los cuide, los sirva y los adore como cabeza del hogar. Han olvidado quién es la verdadera cabeza del hogar: el Dios todopoderoso.

2. Mi esposa, mi matrimonio, mi familia y todo lo demás que tenga, pertenecen a Dios. Como todo lo que soy y tengo pertenecen en realidad al Señor, debo administrar sus cosas con absoluta diligencia y fidelidad.

A veces, es fácil suponer que tenemos aseguradas a nuestras esposas. Por eso Pablo, por medio del Espíritu, dijo: «Los esposos deben amar a sus esposas como a su propio cuerpo [...] Nadie ha odiado jamás a su propio cuerpo, sino que lo sustenta y lo cuida» (Efesios 5:28-29). Debemos ver a nuestras esposas como una verdadera extensión de nosotros mismos y preocuparnos por ellas como nos preocupamos por nuestro propio bienestar.

Todos los días me aseguro de estar bien alimentado, bien vestido, bien acicalado, bien tratado, etc. Sin embargo, ¿hago lo mismo con mi esposa? Me aseguro de que mis intereses reciban la plena atención que necesitan, y si alguien se atreve a interferir, ¡me desempeño muy bien en bloquear esa interferencia! ¿Qué me dices de mi compromiso hacia todo lo que sirva a los intereses de mi esposa o a todo lo que promueva el bienestar de mi matrimonio? Hombres, a menos que nos comprometamos con la perspectiva de Dios y la prioridad del matrimonio, nunca alcanzaremos la bendición que Él tiene preparada para esta relación. Sea el matrimonio honroso, digno de estima, de gran valor.

Estima indivisa

Cuando hablo de tener en estima tu matrimonio, en realidad te estoy guiando a tener en estima a tu esposa. No puedes decir con integridad que tienes en alta estima a tu matrimonio y al mismo tiempo le faltas el respeto o maltratas a tu esposa. Y con solo decir «estimo a mi esposa», no basta; debes demostrarlo.

Permíteme darte algunos ejemplos de lo que jamás deberíamos hacer si queremos respaldar nuestras palabras con nuestras acciones.

1. Jamás deberíamos, bajo ninguna circunstancia, maltratar de manera física a nuestras esposas. Ningún hombre en su sano juicio maltrata de forma intencional a su propio cuerpo. Por lo tanto, jamás deberíamos maltratar a nuestras esposas. No debería hacer falta decir esto, pero lo triste es que debemos reafirmarlo. A lo largo de los años, he hablado o he participado en la consejería de parejas cristianas que tienen problemas con el abuso físico. Hombres, esto es inaceptable por completo. Recuerda que tu esposa no es de tu propiedad; ella le pertenece a Dios y se te ha dado para que la cuides, la sustentes y la protejas. Si necesita que la protejan de ti, debes buscar ayuda de inmediato.

2. Jamás maltratemos de manera emocional a nuestras esposas. Existe tal cosa como el maltrato emocional. Tal vez nunca hayas levantado la mano para lastimar a tu esposa, pero la maltratas con tu conducta, tus actitudes y tus palabras. ¿Actúas de maneras que la dejas confusa e insegura? ¿Eres agresivo pasivo? Lo demuestras si actúas con indiferencia ante una situación o decisión, y después se lo haces pagar a tu esposa poniéndote de mal humor, enojándote por otras cosas o haciendo comentarios degradantes sobre ella o sobre su papel en la situación.

¿Sabías que al mirar a otras mujeres o flirtear con ellas le causas daño emocional a tu esposa? Algunos hombres se enredan en este comportamiento porque quieren que su esposa se entere de que existen muchas otras opciones si ella no acata la disciplina o no lo trata bien. Aunque esta no sea tu intención, le planteas una amenaza a tu esposa y a tu unión cuando haces esto. No tiene nada de gracioso.

Los comentarios sobre otras mujeres o las miradas de reojo a una mujer que pasa a tu lado aumentan las inseguridades y los miedos de tu esposa. El temor a no ser lo bastante buena, el temor a no ser amada de verdad, el temor a que la dejes de lado por alguna más bonita, más joven, más delgada o más lista. Esta clase de abuso es pura maldad, nacida de un ego machista enfermo y no tiene lugar en el matrimonio. No solo es infantil, sino que es pecaminoso y es inadmisible de plano (y Dios que escudriña el corazón sabe lo que estamos haciendo y nos pedirá cuentas).

3. Jamás maltratemos de palabras a nuestras esposas.

En un matrimonio cristiano no hay lugar para los gritos a voz en cuello, los insultos, ni para el uso de lenguaje vulgar u obsceno cuando le hablamos a nuestra esposa o a cualquiera. ¿Te cambias de senda y montas en cólera cuando alguien no hace las cosas a tu modo? ¿Te aferras a las quejas y a los problemas, y les permites enconarse hasta que explotas? Diría que muchos de nosotros caemos en alguno de esos campos si no sujetamos nuestras emociones y nuestros corazones, y los ponemos en línea con Dios.

En el matrimonio tendremos desacuerdos. Sin embargo, no debemos levantar la voz ni cruzar la línea de la decencia con el uso de lenguaje destructivo. Dios nos advierte en contra de semejante lenguaje en su Palabra: «No pronuncien ustedes ninguna palabra obscena, sino sólo aquellas que contribuyan a la necesaria edificación y que sean de bendición para los oyentes» (Efesios 4:29).

En todas las peleas, o en las veces que nos hemos levantado la voz Cheryl y yo a lo largo de los años, jamás le he dicho palabrotas ni la he insultado con vulgaridades u obscenidades. Como esposo cristiano, esta es una línea que jamás puedes cruzar. No lo digo para parecer más santo que tú ni para condenar a alguien que lo ha hecho. Lo digo para que sepas que Dios puede dar suficiente gracia y poder para vencer esta clase de conducta.

Antes de ser cristiano, mi vocabulario era casi siempre beligerante, profano y obsceno. Dios me quitó esa clase de lenguaje después de la conversión, y creo que Él hace lo mismo con cualquiera que lo desee. Debo admitir que algunas veces me he quedado pasmado al oír sobre algunas de las cosas que los hombres tienen que decir de sus esposas. A ciertos hombres que he aconsejado les he dicho: «¿No te das cuenta de que Dios observa cómo tratas a tu esposa? ¿No ves que Dios escucha la manera en que le hablas, que oye las cosas que estás diciendo?».

Hombres, es aquí donde debemos recordar la advertencia de Jesús de que por cada palabra ociosa que hablen los hombres, darán cuenta en el día del juicio (Mateo 12:36). Esto no es una simple amenaza, es una absoluta promesa. El abuso verbal puede ser tan destructivo para el alma y el espíritu de una persona como el abuso físico puede serlo para el cuerpo porque, como dice Proverbios 18:21: «La muerte y la vida están en poder de la lengua» (RV-60). He estado sentado en sesiones de consejería y he escuchado historias desgarradoras de mujeres que contaban las cosas abusivas que les habían dicho sus esposos. Esto jamás debería suceder con los hombres cristianos. El hombre que estima de verdad su matrimonio y valora a su esposa, jamás será abusivo con sus palabras.

Solo para mujeres:

Adoptemos una visión eterna del matrimonio

Me enojo mucho ante la idea de comprar una garantía extendida sobre cualquier artefacto. Parece que ya nada se construyera para que dure. En vez de garantizar el producto, el vendedor básicamente garantiza que ese artefacto *se romperá*. Entonces, ¿qué harás sin ese plan extra especial que cuesta casi tanto como la lavadora que acabas de comprar?

De la misma manera, muchos que están prontos a casarse ahora insisten en los contratos prenupciales. ¿Qué es eso sino el seguro para cuando todo se rompa en pedazos?

Vivimos en una generación desechable. Todo es para uso temporal, y una vez que sirvió para su propósito, se puede desechar. No es así con el matrimonio. Dios construye los matrimonios para que duren toda la vida. Debemos estimar nuestro matrimonio al colocarlo en un plano más elevado que cualquier otra institución.

Durante un retiro para mujeres al que asistí como oradora, una mujer de la audiencia se puso de pie para dirigirse a las demás durante un tiempo de testimonios. Con lágrimas en los ojos y una voz quebrada, les advirtió a las otras mujeres. Habló sobre el tiempo en que tuvo una hermosa casa, un esposo amoroso y cuatro hijos a sus pies. Durante ese tiempo, un hombre impactante entró a su vida. Entabló una amistad con este hombre y siempre se quejaba con él cuando sentía que en su casa no la valoraban. Él se compadeció de ella y le contó sus propias desdichas. Pronto, se desarrolló una relación íntima entre ellos. Este hombre la convenció para que dejara a su esposo y a su familia, y se fuera con él. Ella así lo hizo.

Fue el error que más lamentó en su vida. En cuanto su seductor la dejó por otra mujer, pudo reconocer por completo su insensatez. Quedó alejada de sus cuatro hijos. Parece que todavía no pueden perdonarla por abandonarlos y herir a su padre. Su primer esposo todavía alberga ira en su contra por lo que le hizo emocionalmente a su familia.

Mientras esta mujer estaba de pie frente a la asamblea, comenzó a temblar. Confesó su propia amargura ante las circunstancias de su vida. Estaba enojada por sus decisiones y su estupidez. Extrañaba a sus hijos. Ahora, estaba abandonada, sola y trabajaba muy duro solo para sobrevivir.

Después de su confesión, se sentó, pero levantó la mano a los pocos minutos. Le cedí de nuevo la palabra: «¿Alguien podría ayudarme?», dijo con voz fatigada. «¡Creo que me está dando un infarto!» En seguida llamamos a las enfermeras en la audiencia para que acudieran a su lado. El resto de la asamblea salió del edificio mientras venían los paramédicos. Llevaron a la mujer con urgencia al hospital donde se confirmó que tuvo un infarto.

Una de mis amigas la esperó en el hospital. La mujer se sintió más obligada aun a derramar su corazón después de aquella terrible experiencia. Hablaba sin parar sobre su enemistad con los hijos y del maravilloso matrimonio y la maravillosa vida que había destruido. Se lamentaba diciendo cuánto hubiera deseado darse cuenta entonces de lo que significaba considerar sagrado su matrimonio.

Creo que nos enseñó a todas la lección suprema en aquel fin de semana. Cada una de nosotras regresó a su hogar con una renovada gratitud por nuestros matrimonios, nuestros hijos y nuestros hogares. Y creo que muchas mujeres regresaron a casa con una contrición en el corazón. Qué fácil es quejarse de la vida o caer en una rutina en el matrimonio para luego tratar de encontrar una salida. Cuando comenzamos a mirar hacia otros lados, o ponemos la fe y el valor en otra parte, dejamos de invertir en nuestra vida hogareña. Un matrimonio no crecerá ni madurará de buena manera si se niegan el amor, la atención y el compromiso.

Honra tu matrimonio

Muchas mujeres me preguntan: «¿De qué maneras prácticas honras tu matrimonio?».

Bueno, en primer lugar, lo reverencio. No lo degrado. Cuando era la joven esposa de un pastor (ahora soy algo así como la esposa de edad madura), algunas veces criticaba mi matrimonio como una manera de conectarme con una mujer a la que aconsejaba o como un modo de alentarla.

Por ejemplo, cuando aconsejaba a una mujer soltera, le contaba sobre todos los aspectos difíciles del matrimonio, incluyendo mis propias luchas. Solía exagerarlas para hacerla sentir mejor respecto a su soltería.

Tenía temor de que si exhibía la felicidad de mi matrimonio, podía hacer que alguien se sintiera mal respecto a su propia situación. Entonces, frente a la mujer que no estaba felizmente casada, solía exagerar mis propios problemas o comparar al pobre Brian con el desafortunado hombre con que estaba casada. Un día, el Señor me pescó con las manos en la masa. Sentí que el Espíritu Santo me llamaba la atención: *¿Qué haces?* Respondí que, en parte, trataba de hacer que la persona con la que estaba hablando se sintiera mejor respecto a todo.

Tercer fundamento: Estimen

El Señor me habló en ese mismo momento y lugar respecto a la estima de mi matrimonio. En lugar de alentar a las mujeres afligidas con las que hablaba, las estaba desalentando. No les daba un ejemplo a seguir ni una norma divina de lo que debía ser el matrimonio. Más bien, les decía que *ningún* matrimonio era valioso. ¡Huy!

Oré respecto al enfoque que había tenido. Le pedí perdón al Señor. Mi modo de aconsejar cambió de forma drástica. Comencé a contar sobre la belleza de mi propio matrimonio y descubrí que resultaba de inspiración. Nunca se sabe.

En nuestro estudio bíblico de mujeres, uno de los ejercicios que se nos pidió que hiciéramos durante la semana fue el de escribir diez cosas por las que estábamos agradecidas en nuestro matrimonio. Aunque esa pregunta me resultó deleitosa, tenía una querida amiga a la que le costaba mucho completar la tarea al llegar a su casa. Para desenterrar cada razón de gratitud, necesitaba pensar y concentrarse mucho. Su matrimonio no andaba bien. Luego de luchar para escribir nueve respuestas, se sentía tan frustrada que dejó su cuaderno sobre la mesa del comedor y salió. No regresó a su casa hasta mucho más tarde, y la escena con la que se encontró la conmocionó.

Al entrar, encontró a su esposo sentado a la mesa. Sostenía sus respuestas en la mano. Las lágrimas brotaban de sus ojos. «¿En realidad sientes lo que escribiste? ¿De verdad estás agradecida por mí?» Ella contestó con sinceridad que sentía cada palabra que escribió. Su lista lo conmovió tanto que se disculpó por no ser un mejor esposo para ella. Prometió cambiar y hacer mejor las cosas. Regresó al estudio con un corazón lleno y una lista completa. Al parecer, su estima hacia su matrimonio había conmovido el corazón del esposo.

Aunque estimar tu matrimonio no siempre traerá resultados tan rápidos, de todas maneras vale la pena el esfuerzo y la consideración. Aunque te sientas frustrada, aunque tengas que indagar en lo profundo al principio, una lista como esta podría cambiar de verdad tu corazón. Y, quién sabe, tal vez cambie también el corazón de tu cónyuge.

Otra mujer que conozco estaba casada con un hombre que fue gruñón durante los cincuenta años de su matrimonio. Y, entonces, tuvo un encuentro asombroso con Dios. Toda su conducta cambió de manera radical. Se convirtió en uno de los hombres más joviales y amables que hayan existido. Al cabo de diez años de felicidad, murió.

La esposa me contó que los últimos años de su matrimonio bien valieron los cincuenta en los que tuvo tantas luchas. No solo eso, sino que sus hijos recibieron un maravilloso ejemplo de gracia por medio de su amorosa madre y vieron la respuesta de Dios a sus oraciones de un modo maravilloso.

Protege tu matrimonio

La protección de mi matrimonio es parte de la estima. Lo guardo al evitar la interacción social con otros hombres cuando mi esposo no está presente. Puedo tener una conversación ocasional, pero hasta allí llega. No quiero abrirles jamás ninguna puerta a emociones inapropiadas ni a una relación que pudiera producir daño. Las amistades que tengo con hombres están al amparo de mi esposo. Aunque tenga un amigo varón por el trabajo o a través de las relaciones de mi familia, considero que esa persona es «nuestro» amigo en lugar de mi amigo.

También estoy pendiente de otras mujeres. Pienso que mi esposo se parece bastante a Cary Grant. Lo lamentable es que otras mujeres lo piensan también. Puedo determinar cuándo una de ellas se le acerca con esa mirada que dice: *Me gustaría que fueras más que mi pastor*.

Una vez, una mujer tuvo la audacia de venir a decirme que soñaba con mi esposo. Recuerdo haberle dicho que el diablo trataba de adulterar el amor de Jesús que sentía hacia su pastor. No lo creyó. Sentí pena por ella, ¡pero de seguro no iba a remitírsela a Brian!

Advierto a mi esposo sobre situaciones como esta, pero no lo culpo por ser buen mozo. Dios lo hizo así. Sin embargo, lo que sí hago es recordarle cuánto lo amo y que es el regalo especial de Dios para mí. También oro por él para que sea fuerte en el Señor y en el poder de su fuerza.

No está mal, más bien diría que es muy sabio, proteger el matrimonio que Dios te ha dado. Recuérdale a tu esposo cuánto tienen juntos y cuánto lo amas. Mi madre solía decir: «Un hombre desea estar donde le admiran y desean más». Trato de que ese lugar sea nuestro hogar.

Establecimiento de límites

Brian y yo hemos puesto ciertas salvaguardias alrededor de nuestro matrimonio. Las llamamos límites. Aunque solíamos hospedar e invitar gente a menudo, ahora tendemos a ser muy selectivos y esporádicos en nuestras invitaciones. Hemos descubierto que necesitamos guardar el tiempo que pasamos juntos.

Cuando Brian está en casa, soy muy breve en mis conversaciones telefónicas que son mínimas. Ahora, mis amigas comienzan la conversación preguntando: «¿Brian está contigo?». Saben que si estoy con él, no tengo tiempo para hablar. Él necesita mi atención.

Conversaba con una amiga en su cocina cuando entró su esposo. «Cheryl», anunció, «necesito algo de tiempo a solas con mi esposa». Ella me sonrió con timidez. Le devolví una amplia sonrisa y les dije que comprendía por completo.

Así que me fui a otra habitación, donde pude oír que se desahogaba con su esposa respecto al mal día que tuvo. También pude oír sus respuestas comprensivas.

Cuando llegó el momento en que todos estábamos sentados a la mesa para cenar, el esposo tenía compostura y estaba consolado. Una vez más le restauraron al liderazgo de su familia y tenía la seguridad del apoyo y el amor constante de su esposa. Quedé impresionada.

Respeten a su cónyuge

En 1967, Aretha Franklin grabó la canción «R-E-S-P-E-C-T», y fue un éxito instantáneo. Sin embargo, Otis Redding fue el que escribió y grabó la versión original en 1965. Esta canción que conmovió a miles de oyentes nació del deseo de un hombre de recibir un poquito de respeto de su amada. Los hombres quieren que los respeten. ¡Y nosotras también!

Como todos los niños, aprendí el adagio del parque infantil: «Los palos y las piedras pueden romperme los huesos, pero las palabras jamás me lastimarán». A pesar de eso, al poco tiempo me di cuenta que eso no era cierto. Los nombres antipáticos y las acusaciones *sí* hieren mis sentimientos. Algunas veces, ¡los sentimientos heridos duelen más que los huesos rotos!

Son pocas las personas que pasan por alto un comentario mezquino. Pareciera que las palabras mezquinas tienen un efecto mayor y más duradero que las amables. Las mujeres tienen argumentos débiles. No somos tan fuertes como los hombres. Ellos parecen muy decididos a hacer lo que les hemos pedido que no hagan. Nosotras, en cambio, somos increíbles a la hora de decir algo hiriente. Cuando nos parece que estamos perdiendo, vamos a nuestro último arsenal, el de las palabras hirientes. Arrojamos cualquier bomba que tengamos en el baúl de las municiones sin leer la etiqueta ni pensar en el daño que causará. No obstante, sí pensamos en la conmoción inicial que provocan las palabras como «imbécil» o «idiota». En el calor del momento, son insultos que hacen detener el corazón. A largo plazo, son degradantes.

Jesús dijo en Mateo 7:12: «Todo lo que quieran que la gente haga con ustedes, eso mismo hagan ustedes con ellos, porque en esto se resumen la ley y los profetas». En otras palabras, trata a los demás como te gusta que te traten a ti. Como mujeres, nos gusta que nos traten con respeto... ¿pero tratamos a nuestro esposo con respeto?

Un día, después de orar por un poco más de respeto, Dios me permitió oír mi propio tono de voz cuando me dirigía a Brian. Era horrendo. A las claras, no había tomado el tiempo para escucharme o, de lo contrario, hubiera detectado ese horrible tono de voz mucho antes. Y si yo no me escuchaba a mí misma, ¿por qué habría de escucharme mi esposo? Comprendí por qué no recibía respeto: Para recibir respeto, debes dar respeto.

Si impregnamos nuestro discurso y nuestra actitud con respeto cuando nos dirigimos a nuestro cónyuge, lo honraremos a él y a nuestro matrimonio. Cuando estimamos nuestro matrimonio, lo vemos como lo ve Dios: digno de todo nuestro respeto.

Razones por las que estimar su matrimonio

Dios desea que estimemos nuestro matrimonio porque Él es el autor de la relación matrimonial, ¿pero qué tenía en mente cuando lo inventó? ¿La Biblia da una respuesta a esa pregunta? Sí, lo hace. Parece claro que al menos existen tres razones por las que Dios creó el matrimonio.

Una de las razones es la procreación. Dios les dijo a Adán y Eva: «Sean fructíferos y multiplíquense» (Génesis 1:22, NVI). Sin embargo, los hombres y las mujeres no son animales, preprogramados para aparearse solo con el propósito de producir más descendencia. Los hombres y las mujeres son criaturas hechas a la imagen de Dios que deben reproducirse con una relación de amor y de compromiso del uno para con el otro. De esta manera, traen a su descendencia a un ambiente de amor, respeto y seguridad. El matrimonio produce el ambiente ideal para la reproducción y la crianza de la vida humana.

Otra razón por la que Dios inventó el matrimonio es para que a través de la relación matrimonial, los hombres y las mujeres puedan experimentar de alguna manera el amor de Dios hacia su pueblo. Eso quiso decir Pablo al expresar: «El hombre dejará a su padre y a su madre, y se unirá a su mujer, y los dos serán un solo ser. Grande es este misterio; pero yo digo esto respecto de Cristo y de la iglesia» (Efesios 5:31-32).

Sin embargo, existe otra razón más por la que Dios inventó el matrimonio... y esta, creemos, es la principal. El matrimonio se creó para proporcionarle al hombre *compañerismo*. Cuando Dios contempló su creación, vio un solo aspecto donde las cosas estaban incompletas aún. «Y el Señor Dios dijo: No es bueno que el hombre esté solo; le haré una ayuda idónea» (Génesis 2:18, LBLA).

El compañerismo es lo que Dios tenía en mente cuando inventó el matrimonio. Algunas veces, como cristianos, podemos espiritualizar las cosas al punto de olvidar que Él quiere bendecirnos tanto en el nivel natural como en el espiritual. Algunos piensan que decir que Él creó el matrimonio para el compañerismo es «mundano» de plano. De algún modo, han perdido de vista que Dios creó al hombre y a la mujer con emociones y sentimientos, y con la capacidad de reír y divertirse, y de disfrutar de verdad de las cosas buenas de la vida. Hay quienes dicen que un matrimonio no debería tener relaciones sexuales solo por placer, sin la intención de procrear. ¡Creen que hacerlo es descaradamente pecaminoso! En cambio, esta manera de pensar contradice lo que Dios nos dice aquí en Génesis y, en realidad, es más gnóstico que cristiano.

Los gnósticos, que sacaron muchos de sus puntos de vista de los filósofos griegos, creían que todo lo perteneciente al mundo material era malo en esencia y solo lo que era espíritu era puro. Estas ideas se abrieron paso en la iglesia poco después del período apostólico e incluso se abrieron paso hasta nosotros hoy en día. Hemos visto la aparición de este proceso de pensamiento en muchos lugares en la iglesia, pero un lugar en particular es en las sesiones de consejería prematrimonial. La conversación es algo así:

> **Consejero:** Entonces, ¿quieren casarse?
>
> **Pareja:** Bueno, pensamos que sí. En cambio, no estamos seguros de que sea la voluntad de Dios.
>
> **Consejero:** De acuerdo. Sin duda, ustedes quieren estar en la voluntad de Dios, así que hablemos al respecto. Les haré algunas preguntas. Primero, ¿se aman el uno al otro?
>
> **Pareja:** No hemos hablado mucho al respecto. Más bien pensamos que solo debíamos orar.
>
> **Consejero:** Ejem, bueno. ¿Se sienten atraídos el uno hacia el otro?
>
> **Pareja:** Bueno, más o menos, pero nos preocupa pensar que podemos estar en la «carne». Además, sabemos que Dios no quiere que nos concentremos

en las apariencias externas, sino en el corazón. Así que solo tratamos de no pensar en esas cosas.

Consejero: Ajá... muy bien. ¿Se gustan los dos? ¿Son amigos?

Pareja: ¿Qué tiene que ver con esto? Nos preocupa que si nos sentimos atraídos físicamente el uno al otro, si nos gusta divertirnos juntos y sentimos que estamos enamorados, lo más probable es que la carne sea la que nos una. Eso no puede venir de Dios, ¿cierto?

¡Falso! La Biblia nos dice que Dios nos ha dado todas las cosas en abundancia para que las disfrutemos. Desde hace años, he oído esta clase de cosas una y otra vez. Esto nos dice que, como líderes, pastores y maestros de la iglesia, no hemos comunicado con claridad el principal objetivo de Dios para el matrimonio. El cual, volvemos a recordarte, ¡es el compañerismo! ¡Compañerismo! ¡Compañerismo! Compañerismo espiritual. Compañerismo mental. Compañerismo emocional. Compañerismo físico.

Estimamos el propósito de Dios para el matrimonio cuando adoptamos la totalidad y la plenitud de estas cuatro esferas. Daremos una breve mirada a cada una de estas categorías y describiremos cómo las adoptamos en lo personal.

Compañerismo espiritual

Es muy importante que nos convirtamos en alentadores de la fe de nuestro cónyuge. En nuestro matrimonio, hemos aprendido a orar juntos y a comentar la Palabra de Dios el uno con el otro, de modo que establezcamos un fuerte cimiento espiritual.

¿Qué tienes en común espiritualmente con tu esposo o esposa? ¿Se esfuerzan por crecer juntos o solo aumentan por separado el conocimiento de su fe? Los pequeños estudios bíblicos o grupos de discusión orientados solo hacia los hombres o solo hacia las mujeres son muy saludables. Sin embargo, no olviden crecer como pareja. La oración, la lectura de la Escritura, la oración del uno por el otro y la incorporación del amor y el propósito de Dios a las conversaciones de la familia fortalecerán esta esfera de su compañerismo.

Brian: Cheryl es mi compañera en mi llamado y mi mayor fuente de aliento en la fe. Cuando tengo que tomar decisiones importantes, siempre estoy ansioso por recibir su perspectiva de las cosas. Cuando tengo que considerar diferentes aspectos del ministerio, o incluso cuando medito en un pasaje de la Escritura, me encanta sentarme con ella y escuchar su punto de vista. Sé que tiene una profunda relación con el Señor y muchas veces dependo de su sabiduría.

Cheryl: Trabajamos y servimos lado a lado, y disfrutamos de discutir y debatir doctrina y teología. Nos encantan las misiones y las historias de misioneros. Intercambiamos biografías misioneras entre nosotros. Tenemos fuertes convicciones sobre el ministerio y anhelamos ver a Dios obrar con poder en nuestra generación. Ambos somos nuestros confidentes espirituales.

Compañerismo mental

Encontrar afinidades e intereses comunes ayuda a cualquier matrimonio a convertirse en más estable y más disfrutable. Cuando pueden respetar el campo de sabiduría o experiencia del otro, o incluso su intuición, alcanzan un nivel más profundo de compañerismo mental. Sabemos que muchas parejas tienen luchas porque se han vuelto demasiado independientes en sus vidas. No conversan ni se escuchan el uno al otro con generosa atención y cuidado. No es necesario que a los dos les encante la ciencia. En cambio, si uno de los dos no ve la hora de contar algo sobre un artículo referido a un nuevo descubrimiento, el otro debería invertir en el gozo de su cónyuge y comentarlo en el intercambio de ideas. Esto requiere algo de paciencia y de esfuerzo deliberado. No obstante, el compañerismo mental, cuando se nutre, es una de las grandes llaves para ayudarnos el uno al otro a sentirnos amados y estimados.

Brian: Cheryl es brillante. Me encanta su mente. Conversamos sobre historia, política, ciencia, literatura, entretenimiento y cientos de cosas más. Es una lectora voraz y tiene un nivel de retención de quizá el noventa y nueve por ciento. Nunca deja de asombrarme con su conocimiento de los hechos sobre la comida, la naturaleza, las celebridades, las palabras y sus definiciones, etc. Cuando me rasco la cabeza y digo: «¿Cómo sabe todo eso?», es por pura admiración y respeto.

Cheryl: Nos encanta Europa y en especial Inglaterra, así que nos gusta mirar películas británicas, documentales y de misterio. Es un deleite acurrucarme con Brian y mirar una película que desencadena la conversación sobre nuestro entusiasmo por Inglaterra. Es algo muy simple, pero nos atrae más cerca el uno del otro porque apreciamos esto.

Compañerismo emocional

Cuando hablamos de compañerismo emocional, nos referimos al aspecto relacional del matrimonio. Algunos lo describen en términos de tener un alma gemela, alguien con quien te conectas a un nivel emocional profundo. Aparte de esa profunda conexión espiritual a través de nuestra relación con Cristo, esta es la esfera donde descubrimos el gozo del matrimonio día a día.

Brian: Cheryl no solo es brillante de mente, sino que es estimulante en lo emocional. Es intensa. Es una mujer de profunda convicción. Es activa. Se preocupa por los demás y es compasiva. A lo largo de los años he luchado con una dolencia física que me ha llevado a tiempos de profunda depresión. Durante esos tiempos, Cheryl siempre ha estado a mi lado a fin de orar por mí y decirme las palabras oportunas para mi alma agotada. Ha sido una consejera sabia de verdad.

También puede hacerme reír como ninguna otra persona puede hacerlo. Una de sus rutinas más graciosas es mantener un diálogo entre nosotros dos en el que ella hace las dos partes. Muchas veces, me hace una pregunta que o bien no respondo, o respondo en voz demasiado baja como para que me oiga, y eso la hace pasar a una de esas rutinas. Las palabras que pone en mi boca son graciosísimas. Ahora, la paso por alto a propósito cuando me hace una pregunta solo por el placer de oírla cuando entra en esta rutina. ¡Es asombrosamente espontánea! Me encanta.

Cheryl: Hay muchísimas cosas que Brian y yo disfrutamos. Nadie se entusiasma tanto como nosotros por los logros de nuestros hijos y nietos. Hay veces en que nos contestamos el uno al otro con una frase que solía usar uno de nuestros hijos. Sabemos lo que decimos y lo que significa. Es un secreto, un código en común, y lo apreciamos mucho.

Brian es la persona ante la cual desnudo mi corazón con confianza. Él escucha mis reproches y mis quejas, y jamás me juzga por las palabras que digo en el fragor de una prueba. ¡Eso me encanta!

Hace poco, le contaba a una amiga un incidente con uno de nuestros nietos. Cuando tenía tres años, le intrigaban las llaves con alarma de los autos. Encontró lo que le parecía una llave de auto con alarma en mi mesa de noche y apretó los coloridos botones. El efecto fue que comenzaron a sonar las sirenas por toda la casa. Todos dimos un salto y prestamos atención. Brian no estaba en ese momento y no me había comunicado el código de la alarma.

De repente, a través de un altavoz ubicado junto al panel de la alarma en una pared de la escalera, una voz autoritaria exigió que se le revelara el código de la alarma o, de lo contrario, enviarían a la policía. Traté de explicarle a la voz que mi nieto activó la alarma sin darse cuenta. La voz no quedó convencida. Exigía la palabra secreta. Comencé a repetir cada palabra que suponía que Brian podía usar como código de una alarma. Al final, dije la correcta. Satisfecha, la voz me felicitó y las alarmas dejaron de sonar.

Después del incidente, escondí el control remoto de la alarma del alcance de mi nieto. Sin embargo, él no fue el único que no pudo encontrarla. ¡Me olvidé dónde la puse! Mi amiga me preguntó si Brian se había enojado. Lo cierto es que me mostró muchísima gracia y, por lo general, es lo que hace.

La demostración de completa gracia de Brian es un modelo para mí. No soy la esposa perfecta. No tengo el cuerpo perfecto. No siempre doy muestras de la actitud perfecta, pero la gracia de mi esposo es incondicional. No me juzga por lo que hice ayer. Cada día es un nuevo comienzo. Me proporciona apoyo emocional y libertad para ser yo misma.

Compañerismo físico

Si estimamos nuestro matrimonio, si no lo vemos como una construcción humana, sino como una institución divina y un regalo de Dios a los hombres y las mujeres para bendecirlos, experimentaremos una mayor intimidad en todas las esferas de nuestras relaciones. Disfrutar la intimidad física con tu compañero y amor de tu vida trae un gran placer y armonía al matrimonio.

> Dichosos todos los que temen al SEÑOR, los que van por sus caminos [...] En el seno de tu hogar, tu esposa será como vid llena de uvas; alrededor de tu mesa, tus hijos serán como vástagos de olivo. Tales son las bendiciones de los que temen al SEÑOR (Salmo 128:1-4, NVI).

Brian: Sin duda, Cheryl es hermosa. Era hermosa la primera vez que la vi hace más de treinta años y sigue siendo igual de hermosa hoy. Algunas veces, la miro y pienso: *¡No puedo creer que sea mi esposa!* A ella le encanta que todos los días le diga que es hermosa, pero para ser sincero, no me resulta difícil. No lo tengo que inventar... ¡es preciosa de verdad!

Cheryl: Brian es mi mejor amigo, mi alma gemela y el amor de mi vida. Creo que no comprendía lo especial que era cuando éramos recién casados. A decir verdad, quedé prendada por su rostro hermoso y su conducta amable. Solo con el paso de los años, y después de haber perseverado a través de algunas tormentas, me he dado cuenta del gran premio que me ha dado Dios.

Los otros días, Brian sabía que yo tenía que asistir a una reunión difícil. A la mitad de esa reunión, recibí un mensaje de texto en el teléfono. Leí: «Esta mañana no tuve oportunidad de decirte que te amo y que te ves hermosa. Estoy orando por ti. Te amo. Brian». Eran precisamente las palabras que necesitaba, en el momento adecuado.

Brian escucha, me demuestra gracia y me hace sentir segura en su amor. Sus palabras y acciones generosas me han ayudado a crecer y a convertirme en una mujer más llena de gracia y de temor a Dios.

Todavía me apasiona oír que entra a casa todas las noches. Por lo general, tengo un montón de cosas que he acumulado durante el día para contarle. También me encanta oír sobre sus aventuras del día. Esta comunión que tenemos como mejores amigos ha creado un lazo íntimo entre nosotros que atesoro y disfruto.

Tómense tiempo para mirar cada aspecto de su matrimonio y determinar dónde está saludable y dónde está enfermo, dónde se inclina a la piedad y dónde no, si está cuidado o descuidado. Cuando estimen su matrimonio, se concentrarán en hacerlo crecer cada día en dirección a la voluntad y al camino de Dios.

CONOCER ES CRECER

1. Conversen sobre la visión que Dios tiene sobre el matrimonio. ¿Cómo le dan o le dejan de dar al matrimonio el respeto que Dios quiere?

2. Conversen sobre cómo la decadente estima del matrimonio en el mundo ha afectado sus actitudes y conductas. Piensen en maneras prácticas donde ustedes pueden recuperar la reverencia y el honor en su matrimonio.

3. ¿Cómo les gusta que les muestren respeto? Convérsenlo con tu cónyuge. Tal vez tengan maneras similares de sentirse respetados o pueden descubrir que cada uno necesita recibirlo de maneras muy diferentes. Conversen y descubran cómo respetar a su ser amado.

4. Por separado, cada uno escriba una lista de diez cosas por las que están agradecidos en relación con el matrimonio. Muéstrenselas y conversen al respecto.

5. Comprométanse a nutrir las cuatro esferas de compañerismo. ¿Cómo han apoyado o descuidado estos aspectos en su matrimonio? Busquen con diligencia maneras de crecer juntos de

forma espiritual, mental, emocional y física. Pongan en práctica las ideas y traigan equilibrio a las cuatro esferas.

Gracia para crecer juntos

Señor, concédenos tu corazón para la santa unión del matrimonio. Ayúdanos a estimar nuestra relación honrándote a ti y honrándonos el uno al otro. Recuérdanos todas las cosas por las que debemos estar agradecidos. A medida que nos extendemos gracia y amor el uno al otro, ayúdanos a mostrarnos respeto en nuestras diferencias, así como en los aspectos que tenemos en común. Fortalece nuestra decisión de evitar cumplir con formalidades cuando nos escuchamos el uno al otro y a decir con sinceridad y a menudo las palabras «Te amo». Señor, bendice nuestro matrimonio.

Cuarto fundamento:
Alienten

*Todo lo que quieran que la gente haga con ustedes,
eso mismo hagan ustedes con ellos.*
MATEO 7:12

Cuarto fundamento

Alienten

Toda pareja quiere tener un buen matrimonio. Sin embargo, no debemos olvidar que el matrimonio en sí mismo no es ni bueno ni malo. Como consumidores, nos gusta pensar en términos de obtener algo y después asignarle un valor. Evaluamos si es un producto o servicio bueno o malo. En cambio, ¡no sacamos un matrimonio del estante y luego consideramos si compramos uno bueno o uno ácido! Nuestros matrimonios serán buenos o malos según *cómo* y *qué* invirtamos en ellos.

Si eso parece una responsabilidad abrumadora, recuerda que de seguro es una responsabilidad, pero cuando nos remitimos a la Palabra de Dios y a su dirección, ya no será más una tarea abrumadora, sino un gozo. Él sabe lo que necesita nuestro matrimonio para que sea una unión buena, alegre y fructífera, y lo ha expresado con claridad en su Palabra. De todos modos, debemos prestarle verdadera atención a su guía.

¿Están listos como pareja para seguir la dirección de Dios? ¿Están listos para convertir su matrimonio en una unión buena y bendecida que sirva a Dios, a su familia y a los demás? Es posible. Si añaden a su unión un poquito de aliento y la disposición a comprometerse con una tarea de amor, experimentarán todo lo que Dios tiene en mente para el matrimonio.

¿Tu esposa sabe que es amada?
¿Tu esposo sabe que es amado?

Durante el almuerzo, mi amiga Carol parecía preocupada. Más tarde, cuando nos subimos al auto, le pregunté qué le preocupaba. Me miró con amabilidad y me preguntó:

—¿Todo anda bien entre tú y Brian?

—¡Por supuesto! —respondí sin pensarlo mucho.

Luego, proseguí a hacer una lista de una cantidad de maneras en las que probaba lo gran esposa que era para él. Enseñaba a sus hijos que hacían la escuela en casa. Daba clases en la Escuela Dominical en su iglesia. Ayudaba y servía a las mujeres en su congregación. Vivía en Inglaterra, alejada por completo de mis padres, de mis amigos y de mi seguridad. Hospedaba a sus amigos con regularidad en nuestra casa. Le lavaba la ropa. Le preparaba las comidas. Atendía a sus visitas. ¡Por supuesto que todo entre Brian y yo era grandioso!

Carol es una de las mujeres más piadosas y más perceptivas que conozco. Mi lista un tanto incoherente de buenas credenciales pareció ponerla más incómoda. Me miró a los ojos.

—¿Brian *sabe* que lo amas y que lo apoyas?

Pensé que era una pregunta extraña. ¿Acaso no había oído mi maravilloso currículum vítae? Contesté que *debía* saber que lo amaba debido a todo lo que hacía por él.

—¿Le has dicho en los últimos tiempos que lo amas y que lo apoyas? —sondeó un poquito más profundo.

La respuesta sincera era que no lo había hecho. Solo había dado por sentado que toda mi actividad y esfuerzo a su favor le mostrarían que lo amaba.

Carol me dejó alentándome con dulzura a que esa noche le dijera a mi esposo que lo amaba.

Más tarde en la noche, Brian y yo estábamos solos lavando los platos.

—Brian —me aventuré—, tú sabes que te amo, ¿no es así?

Se volvió hacia mí con sinceridad en los ojos y respondió:

—¿Lo haces?

—¿A qué te refieres con eso? —respondí. Me lancé a recitar mi útil enumeración de todas las cosas que hacía por él y que reforzaban la evidencia de mi amor.

—Pensé que hacías esas cosas para Jesús —me dijo él.

Ahora me sentía culpable. Mi retahíla sobre las tareas de devoción se parecía al metal resonante o al címbalo retumbante de 1 Corintios 13. Carente de valor. Puro ruido. No me traía beneficios a mí y de seguro que no reflejaba el amor hacia Brian como lo pensaba yo. Le conté sobre mi conversación con Carol.

—Tiene razón —comentó él.

Quedé pasmada. Después de años de matrimonio y de tener cuatro hijos, ¿cómo podía dudar de mi amor? Sin embargo, dudaba, porque en medio de toda mi ocupación, había descuidado tomarme el tiempo para decir: «Te amo. Estamos juntos en esto».

Una vez que me disculpé, Brian me abrió el corazón y conversamos durante largo tiempo. Aprendí una lección valiosa ese día. Fue la lección de alentar mi matrimonio.

Solo para mujeres:
Cómo alientas tu matrimonio

Muchas veces, he oído a las mujeres quejarse de que sus esposos no ayudan lo suficiente. Me preguntan: «¿No se supone que el matrimonio debe ser a partes iguales?». La respuesta breve es «no». El matrimonio casi nunca es a partes iguales. En la vida, las cosas no se dividen de manera tan equitativa.

Algunas veces, el matrimonio tiene una proporción de diez contra noventa. Otras veces, se acerca más a veinticinco contra setenta y cinco. No siempre los por cientos están a favor del hombre. Hay veces en que me doy cuenta de que mi esposo hace mucho más para alentar nuestro matrimonio que yo.

A Brian le gusta decir que si las mujeres se concentraran en su parte («Las casadas estén sujetas a sus propios maridos, como al Señor») y los hombres se concentraran en la suya («Maridos, amad a vuestras mujeres, así como Cristo amó a la iglesia, y se entregó a sí mismo por ella»), desaparecería la mayoría de los problemas matrimoniales. El problema es que esposos y esposas están demasiado preocupados por el papel del otro.

Las mujeres se me acercan a menudo con la queja: «Mi esposo no me ama como Cristo amó a la iglesia». Por supuesto, los esposos suelen quejarse con Brian de que sus esposas no son sumisas y respetuosas. ¿Cuál es el problema aquí? Todos se concentran en el papel del otro.

Cuando estaba en cuarto grado, ayudé a dirigir y protagonicé una producción de la escuela llamada *Dorothy y el mago de Oz*. Nuestro león se olvidaba siempre de sus líneas. Yo estaba tan concentrada en proporcionarle las líneas que debía decir que, en un momento, ¡olvidé por completo las mías!

Pienso que eso es lo que siempre sucede en el matrimonio. Estamos tan concentrados en lo que se supone que nuestro cónyuge debe decir o hacer, o en lo que debe convertirse, que olvidamos lo que tendríamos que hacer *nosotras*.

Gran parte de nuestra tarea para alentar nuestro matrimonio es solo hacer nuestra parte... y hacerlo con entusiasmo.

La sumisión como Dios manda

Para muchas mujeres, *sumisión* es una palabra desagradable. Trae a la memoria la idea del dominio, el control y hasta del abuso masculino. Sin embargo, esa no es la «sumisión» que enseña la Biblia. Esas versiones torcidas provienen de la gente, no de Dios. La palabra bíblica significa «ponerse bajo la autoridad de». Se trata de liderazgo más que de control. La sumisión es darle el papel del liderazgo al esposo.

Años atrás, Brian y yo teníamos una discusión constante sobre mi papel de sumisión. Afirmaba que yo nunca tenía que enfrentar el problema de la sumisión porque siempre estaba de acuerdo con él. Por lo tanto, era *cooperadora* más que sumisa. Sostenía que mi cooperación era señal de sumisión. (Por supuesto, ¡yo tenía la razón!). ¡Ay de mí! La sumisión no tiene nada que ver con tener razón o no. No significa que siempre estés de acuerdo con las decisiones de tu esposo o que no puedas expresar tus objeciones. Significa que al final del día, él toma la última decisión. Este papel de sumisión hace aun más esencial el primer fundamento de confiar (orar por tu esposo). Él necesitará sabiduría y

Cuarto fundamento: Alienten

dirección divina para salvaguardarte a ti y el bienestar de la familia.

No quiere decir que yo no haya tenido mis luchas con el concepto de la sumisión. Las tuve. Durante mi boda, mi padre, que presidía la ceremonia, enfatizó la palabra *obedecer* en los votos que se me pidió que repitiera. Recuerdo que lo miré de manera suplicante como diciendo: *¡No me hagas decir eso!* Me miró con severidad y repitió: «Obedecer». Papá sabía que para que mi matrimonio con Brian durara, tendría que darle el lugar de liderazgo en el hogar.

Hace unos tres años, todo esto llegó a un punto crítico. Brian y yo luchábamos con un asunto bastante serio. Ambos teníamos opiniones fuertes sobre cómo manejar la situación y nuestras opiniones no concordaban. Yo veía lo que mi esposo no podía ver. Sentía lo que él no podía sentir. Cada vez que trataba de comunicarle cuál era mi temor, me acusaba de ser precipitada y crítica. Cada discusión terminaba en una pelea. Ambos estábamos muy preocupados por el asunto y nos apasionábamos.

Con absoluta frustración, al cabo de otra discusión acalorada, me fui hacia la playa. Recuerdo que Brian me preguntó si quería que me acompañara. Le dije que no iba a estar seguro cerca de mí (y era lo que sentía de verdad). Estaba muy enojada.

Estacioné en la playa y me puse el calzado para caminar. Caminé con paso impetuoso por más de dieciséis kilómetros. Durante todo el tiempo, me quejé a Dios. En mi mente, despotricaba furiosa sobre todo el asunto. Le expliqué a Dios mi frustración, lo que yo veía y lo que Brian no podía ver.

El Señor me indicó que debía regresar a casa y rendirle el liderazgo de esta situación a mi esposo. «Pero Señor, él está equivocado por completo», contesté.

Con delicadeza, el Señor me trajo a la mente el pasaje de Marcos 3:24-25: «Si un reino se divide contra sí mismo, no puede permanecer. Si una casa se divide contra sí misma, tampoco puede permanecer».

Dios me recordaba que si no le entregaba la dirección a Brian en esta situación, nuestra casa de seguro caería. Sin embargo, si yo era obediente a Él y me sometía a Brian, Él intervendría y obraría en mi esposo y en la situación. El verdadero problema no era tanto sujetarme a Brian, sino someterme a Dios y, al hacerlo, entregarle el liderazgo a Brian.

Estaba tan absorta en mi discusión con Dios que terminé a kilómetros de mi auto. Entonces, cuando Él me habló, comprendí lo que debía hacer. Mientras recorría el largo camino de regreso, le pedí que me diera la fuerza y la gracia para sujetarme a mi esposo en esta situación.

Cuando llegué a casa, le conté a Brian mi conversación con el Señor. Le dije que no estaba de acuerdo con la manera en que estaba conduciendo el problema, pero que me sujetaría. Menos de una semana después, toda la verdad sobre la situación salió a la luz. Cuando Brian llegó a ver el cuadro entero, nos condujo de forma maravillosa a través de aguas muy turbulentas. Comprendí que mi sumisión en ese punto crítico fue parte de lo que trajo el progreso final.

Si tienes una batalla de voluntades o de sexos en el hogar, y no puedes soltar el control porque estás *segura* de que tienes la razón, recuerda que no te estás sometiendo en realidad a tu Dios. (¡Y tú pensabas que la discusión sobre el garaje desordenado, la educación de los niños o tus planes para las vacaciones solo los involucraba a ti y a tu esposo!)

El apóstol Pablo, al hablar sobre la sumisión, añade en seguida «como al Señor». ¿Por qué? Porque la sumisión tiene que ver con llevar adelante el matrimonio a la manera de *Dios*. Le entregamos el liderazgo del hogar al esposo porque Dios dijo que lo hiciéramos.

Esto no significa que la esposa no pueda iniciar la oración, hacer estudios bíblicos, enseñarles a los hijos, ni ofrecer sugerencias o consejos. Solo significa que le permite al esposo conducir el auto en el matrimonio. Puede decirle dónde doblar y cuándo, pero él es quien conduce. ¡Da resultado!

La inversión en tu matrimonio

Existen numerosas maneras de invertir en tu matrimonio y de alentarlo. Y muchas te resultarán mucho más naturales de lo que parece la sumisión en un principio. Por ejemplo, pienso que las mujeres son maravillosas cuando se trata de invertir tiempo y energía. Por naturaleza, parecería que asumimos las responsabilidades de transformar la casa en un hogar, de lavar la ropa, de limpiar la casa y de mantener el orden. Lo lamentable es que algunas veces nos absorbe tanto tiempo mantener la casa que olvidamos dedicar tiempo para alentar a quienes viven allí.

Un consejero matrimonial que conozco solía hablar del «lenguaje del amor». Decía que los hombres comunican su amor mediante el trabajo esforzado, la paga por su trabajo que traen a casa y con su simple regreso a casa todas las noches. Muchas veces, se olvidan de comunicarlo. Las mujeres también solemos olvidarnos de comunicarlo, pero seguimos con la expectativa de que nuestros esposos deberían *saber* que los amamos.

Para este dilema, podemos buscar la sabiduría de Mateo 7:12: «Todo lo que quieran que la gente haga con ustedes, eso mismo hagan ustedes con ellos». Nos gusta que nos digan que nos aman y nos aprecian; por lo tanto, debemos decirles a nuestros cónyuges cuánto los amamos y los apreciamos. No siempre las acciones hablan más fuerte que las palabras. ¡Las palabras combinadas con las acciones lo dicen todo!

Cuando mi hijo mayor, Char, estaba a punto de casarse, me pidió que le diera mi mejor consejo. Se lo di. «Char, desde el día en que me casé con tu padre hasta el día de hoy, él me ha dicho dos cosas. Todos los días me ha dicho que me ama y que soy hermosa. No es que crea que lo soy, pero sé que *él* lo cree, y con eso me basta».

Es verdad. Si alguna vez he considerado la idea de renunciar a mi matrimonio, el constante recordatorio del amor y del afecto de Brian hacia mí me ha hecho desistir de inmediato. ¿En qué otra parte encontraré esa devoción inconmovible y semejante engaño (pensar que soy hermosa)? También me ha traído muchísima seguridad (algo que las mujeres anhelan tener en una relación).

Hace tres años que mi hijo está felizmente casado. Hace poco, tuvimos la oportunidad de visitar juntos un jardín. En un momento en que estábamos solos, le pregunté si había seguido mi consejo. «¡Todos los días!», respondió. ¡Ese es mi muchacho!

Los hombres quieren que los adoren. Por lo general, el trabajo es el lugar donde reciben la mayor satisfacción. Cuando regresan a casa, la esposa está lista y esperando con la larga lista de cosas para que haga su amorcito y las anotaciones de las cosas que no se hicieron bien la última vez. Entonces, ¿de qué nos asombramos cuando muchos hombres prefieren el trabajo al hogar?

Tenía una amiga que se quejaba a menudo de su esposo. Era un padre maravilloso, estaba más que atento a las necesidades de su esposa y era bien parecido. Como un apéndice de sus quejas, solía añadir: «Pero nunca nos divorciaremos». Un día, me cansé de sus quejas. Con toda la claridad del mundo le dije que aunque no se diera cuenta, iba directo hacia el divorcio. Me miró alarmada.

«¡Escucha!», le dije. «Tu esposo es bien parecido. Tiene una gran personalidad. Tiene un muy buen sueldo. Hay cientos de mujeres que irían tras él en un segundo si supieran que en su casa no lo valoran. Si sigues comportándote de esta manera con él, solo es cuestión de tiempo hasta que comience a sucumbir a los encantos de estas mujeres».

Alrededor de dos horas más tarde, me llamó a casa para decirme cuánto amaba y apreciaba a su esposo. Me dijo que nunca se divorciarían porque se había dado cuenta de lo extremadamente bendecida que era al tener un esposo atento, un padre maravilloso con sus hijos y, como si esto fuera poco, un hombre fiel.

No siempre suelo ser tan directa, pero todos necesitamos un llamado de atención de vez en cuando. Conocí a una mujer que aspiraba a tener otro hombre con quien disfrutar. Debido a esto, le dio una patada a su esposo, pero la relación con la que fantaseaba nunca se materializó. Mientras tanto, otra mujer se dio cuenta de que acababan de abandonar a un hombre maravilloso y lo arrebató.

¿Puedo ser sincera contigo? Aunque podamos disfrutar de las historias que con destreza escribió Jane Austen, como *Orgullo y prejuicio*, las mujeres debemos recordar que el Sr. Darcy no existe. Es el sueño de la mente de una mujer soltera. Sin embargo, las mujeres pasan el tiempo esperando al hombre que las mire con fijeza desde el otro lado de la habitación, que siempre huela a almizcle y madera, y que susurre un interminable torrente de sentimientos románticos. Si pensamos demasiado en los encantos de una fantasía, nos perderemos al hombre maravilloso y sincero que va todos los días al trabajo y regresa a casa con fidelidad.

Solo sé agradecida

Cuando la rutina diaria y las exigencias que tienes entre manos hacen que se marchite la gratitud de tu corazón, es maravilloso recordar todas las cosas que te encantaban de él cuando estabas impaciente por unirte a tu esposo en matrimonio. Piensa en las cosas que te atrajeron de él en un comienzo. Tal vez quieras anotarlas y recordarle esas cosas que atesoras de él.

He descubierto que cuando le agradezco a Brian por lavar los platos, suelo obtener una cocina limpia durante una semana. He aprendido que el reconocimiento y la gratitud pueden ser de gran provecho para mi matrimonio.

Hace poco, oraba con una amiga. Su esposo atraviesa una difícil batalla. Defiende la verdad y está recibiendo muchas críticas por su integridad. Mientras oraba, esta mujer comenzó a llorar. Le agradecía a Dios por el privilegio de estar casada con él. Me bendijo oírla agradecer a Dios por el liderazgo de su esposo y su carácter recto.

Expresa tu gratitud a Dios y a tu esposo. Descubrirás que tu espíritu de acción de gracias regresa con un brillo perdurable.

Atención concentrada

Tengo el terrible hábito de alejarme mentalmente de una situación. Hay veces en las que Brian derrama su corazón delante de mí, y me doy cuenta a la mitad de la conversación que no he prestado atención a lo que me dice. He perdido la oportunidad de darle el regalo de la atención amorosa y total.

¿Puedes sentirte identificada con una mente multitareas? ¿Alguna vez te encuentras haciendo una cosa mientras que piensas lo que parecen cinco pensamientos separados? Puedo quedarme mirando a alguien con la apariencia de que escucho, pero al mismo tiempo estar pensando cómo uniré los pedazos de una colcha o cómo arreglaré una lámpara rota en casa. Tengo que obligarme a escuchar y a concentrarme. Brian se ha encontrado como receptor de mi mente divagante en más de una ocasión.

Cuando nuestros esposos hablan, necesitan completa atención. Piensa en lo afortunada que eres de tener un esposo que quiera contarte cosas de su vida y de su día. Que respeta tu opinión lo suficiente como para presentarte sus preocupaciones o decisiones futuras. No recibas llamadas telefónicas cuando tu esposo quiere conversar. Además, no comiences a realizar el trabajo de la casa o a revisar el correo mientras él te expone lo que está en su mente. Deja de hacer lo que estás haciendo y vuelve tus ojos, tu corazón y tu mente hacia él. Se sentirá amado y adorado cuando hagas este esfuerzo por escucharlo de verdad.

Asegúrate de que sepa que siempre contará con la atención que necesita de parte de ti, su esposa. Esto evitará que busque en otra parte cuando necesite hablar.

El matrimonio es una inversión. Cuanto más ponemos en él, más obtendremos de él. Necesitamos invertirnos a nosotras mismas, invertir nuestro tiempo, nuestras emociones, nuestro amor y nuestra energía en el matrimonio. Con el tiempo, nuestra inversión producirá grandes dividendos.

Solo para hombres:

Cristo es nuestro modelo

B Chicos, la Palabra de Dios es bastante sencilla y directa: «Esposos, amen a sus esposas, así como Cristo amó a la iglesia, y se entregó a sí mismo por ella». El amor es el manantial desde donde fluirá todo lo demás. ¿Quieres saber cómo alentar tu matrimonio, cómo asegurarlo y cómo asegurarte de tener un buen matrimonio? Cinco palabras: Esposos, ¡amen a sus esposas!

¿Cómo lo hacemos de manera práctica? Siguiendo el ejemplo de Jesús.

Ama como Cristo amó

Muchas veces, me he sentado con parejas casadas que vienen a pedir consejo y que discuten, pelean y se amenazan el uno al otro con la separación o el divorcio. Mi cabeza está llena de conocimiento respecto a lo que debería hacer cada uno, pero mientras discuten y pelean, suelo decir: «Sus problemas no se deben a falta de información, sino más bien a falta de aplicación, y hasta que no estén listos para comenzar a hacer lo que dice la Biblia, no puedo ayudarlos». Cuando Pablo exhorta a los hombres a seguir el ejemplo de Cristo al amar a sus esposas como Él amó a la iglesia, comunica dos cosas que quisiera resaltar.

Aliento a través del cariño

Primero, nos dice que debemos demostrarles *cariño* a nuestras esposas. Aunque esta palabra no es muy común en nuestras conversaciones diarias, podemos ponerla en acción abrazando con ternura a nuestras esposas y cuidándolas con amor. Al demostrarles cariño a nuestras esposas, las veremos como seres preciosos y esto nos hará actuar con compasión y sensibilidad hacia ellas.

He tenido que aprender a ser sensible a las necesidades de Cheryl. Si no me propongo seguir los mandamientos de Dios, soy como el toro en el negocio de porcelana, que pisoteo los sentimientos de mi esposa. Una vez, intentaba expresarme lo exhausta y abrumada que estaba por tanta cocina y limpieza que implicaba tener una constante cantidad de huéspedes que se quedaban en nuestra casa en su paso por Londres. Jamás me detuve a pensar que mientras yo llevaba de paseo a las visitas por la ciudad o conversaba con un café de por medio, ¡ella estaba en casa haciendo todo el trabajo pesado! Entonces, cuando me expresó su cansancio, con el anhelo de recibir un poco de compasión y ayuda, le respondí con algo así: «Debes dejar de sentir lástima por ti misma y ser una sierva».

Quizá esas fueran las palabras más crueles que jamás le dijera (aunque en el momento no me di cuenta) y, como es lógico, ella perdió el control. Gritamos y discutimos durante varias horas hasta que por fin Dios pudo atravesar mi cabeza dura para mostrarme que yo causé toda esta pelea debido a que no había amado a mi esposa ni la había cuidado como Cristo a la iglesia.

¡Qué tremenda lección recibí sobre la necesidad de ser sensible a las necesidades emocionales de mi esposa! Si hubiera mostrado la clase de amor hacia Cheryl que Cristo me demostró a mí, hubiera dicho algo así: «Cariño, has trabajado mucho y estoy muy agradecido por el amor sacrificado que muestras a cada momento por mí, por los niños y por nuestros invitados. ¿Por qué no te relajas un poco y dejas que yo me ocupe?». Ella se hubiera sentido cuidada y apoyada. Además, es muy probable que mi compasión hubiera ayudado a aliviar su cansancio y a renovar su fuerza para servir.

Busca maneras de demostrarle cariño a tu esposa esta semana. Escúchala y mira más allá de tus motivaciones o necesidades de modo que puedas comprender cómo le impactan las circunstancias.

Aliento a través del servicio

Pablo nos ofrece una segunda ilustración importante a seguir. Dice que Cristo amó a la iglesia y se entregó a sí mismo por ella. Hombres, el amor que debemos tener hacia nuestras esposas es un amor sacrificado, un amor que se demuestra entregando nuestras vidas por nuestras esposas. Dudo que la mayoría de nosotros tenga jamás la oportunidad de entregar literalmente la vida por nuestra esposa, pero existen muchas maneras en que podemos entregar nuestras vidas a diario por ellas al morir a nosotros mismos, morir a nuestra voluntad y deseos, y vivir para bendecirlas. Esto sucede cuando hacemos lo que hizo Jesús. Él no vino para ser servido, sino para servir y para dar su vida.

El ejemplo que tenemos en Jesús contrasta en gran manera con el modelo que el mundo presenta... el mundo del hombre. Ahora bien, las cosas han cambiado de forma considerable en nuestra cultura respecto a las mujeres, pero todavía existe la perspectiva de que la vida de casados, la vida hogareña y de la familia giran alrededor del hombre. Él es el rey de su castillo, como se dice, y muchos hombres cristianos se lo han creído o han heredado esa mentalidad de sus padres. Es un modelo que se ha transmitido, no a través de la enseñanza y el ejemplo de Jesucristo y de los apóstoles, sino a través de las tradiciones del hombre caído, pecaminoso y egoísta.

El cristianismo es radical

Muy bien, existen muchas personas en la cultura establecida que quieren culpar al cristianismo por la opresión histórica de las mujeres y la idea del control masculino del que hablamos aquí. Sin embargo, los hechos son muy diferentes. En realidad, la enseñanza del Nuevo Testamento fue la que en verdad revolucionó al mundo en este aspecto en particular. La enseñanza del Nuevo Testamento se burló de los puntos de vista que se sostenían en ese entonces. Démosle una breve mirada a este asunto teniendo en cuenta algunos ejemplos.

Durante los tiempos bíblicos, los rabinos creían que las mujeres eran simples sirvientas. Es más, enseñaban que los hombres debían orar así: «Dios, te agradezco por no ser gentil, ni esclavo, ni mujer, amén». También decían: «El que habla con una mujer en público trae el mal sobre sí mismo». «Uno se rebaja si saluda a una mujer en público». «Que las palabras de la ley sean quemadas, antes que encomendárselas a una mujer». «Si un hombre le enseña a su hija la ley, es como si le enseñara lujuria»[1].

Es importante comprender que la enseñanza de los rabinos era una distorsión o perversión de lo que decía el mismo Antiguo Testamento. La controversia que Jesús tenía con los líderes de su época no era tanto sobre lo que Moisés dijo o dejó de decir. Más bien, era su mala interpretación y mala aplicación de lo que la Escritura decía lo que trajo el conflicto entre Jesús y ellos.

La actitud hacia las mujeres no solo existía entre los antiguos judíos; los griegos tenían una perspectiva muy similar. La actitud hacia las mujeres entre los atenienses y los espartanos era horrorosa. Un orador ateniense y hombre de estado dijo: «Tenemos cortesanas [prostitutas de clase alta] para el placer. Tenemos concubinas para convivir a diario, y tenemos esposas con el propósito de tener hijos legítimos y para que sean fieles guardianas de nuestros asuntos hogareños»[2].

Lo que me resulta interesante es que tantos pensadores humanistas de hoy quieran rastrear nuestro linaje cultural en Grecia, en lugar de hacerlo en las influencias judeocristianas. A conveniencia, pasan por alto la opresión de las mujeres en la sociedad griega. En la cultura romana, una mujer era en esencia esclava de las pasiones más bajas del hombre. Según la ley romana, un hombre tenía absoluto poder sobre su esposa y sobre todas sus posesiones. Podía divorciarse de ella en cualquier momento y por cualquier clase de ofensa. Tenía absoluta autoridad para castigar a su esposa y, en algunos casos, hasta para matarla. Para matar a su esposa por una ofensa que no fuera el adulterio, el esposo casi siempre tenía que requerir el consentimiento de un tribunal familiar; pero en el caso del adulterio no era necesario tal consentimiento[3].

Perspectivas similares respecto a las mujeres siguen prevaleciendo hoy en día en las culturas islámicas, hindúes, budistas, animistas e incluso ateas. Por lo tanto, los antropólogos y sociólogos modernos que culpan al cristianismo de la opresión de las mujeres pasan por alto los hechos o son culpables de revisionismo histórico.

El servicio al darnos nosotros mismos

Todas estas actitudes culturales son la base del concepto sobre el que hemos hablado, el ser el rey de nuestro castillo.

Cuarto fundamento: Alienten

Sin embargo, ese no es el modelo cristiano. Nuestro modelo es Cristo, el siervo de todos, aquel que se entregó a sí mismo por completo por quienes amaba.

Años atrás, una joven pareja a la que iba a casar me preguntó si podía escribir algunos votos que tuvieran más base bíblica que los tradicionales. Lo hice, y desde entonces, esos votos han sustituido a los tradicionales para toda pareja cristiana cuya ceremonia haya celebrado. En ellos, el hombre dice en un momento: «Prometo servirte como Cristo sirve a la iglesia, y entregarme a mí mismo por ti como Jesús se entregó a sí mismo por mí».

En concordancia con las palabras del voto del esposo que mencioné antes, entregarnos a nosotros mismos, entregar nuestro tiempo, nuestra atención y nuestras voluntades por el bien de nuestras esposas es una manera amorosa y piadosa de alentar nuestro matrimonio.

¿Cómo hago esto por Cheryl? Aquí tienes una rápida lista que puede ayudarte a crear tu propio camino de aliento:

1. En vez de insistir en hacer lo que yo quiero (lo que hice durante muchos años), le permito decidir lo que haremos en mi día libre, o dónde iremos a comer, dónde iremos de vacaciones, etc.
2. Cuando Cheryl hace una comida maravillosa, le digo que vaya a disfrutar de un tiempo a solas y me deje ocuparme de los platos.
3. Por naturaleza, no me siento inclinado a realizar trabajos domésticos, pero como sé que a Cheryl la bendicen estos esfuerzos, arreglo las tuberías, coloco estantes o me ocupo del jardín.

Estos gestos al parecer pequeños hacen mucho para mostrarle a tu esposa que la amas y para hacerla sentirse segura en la relación matrimonial.

Aliento a través de la bondad

Por último, podemos alentar en gran manera a nuestras esposas y, en definitiva, a nuestro matrimonio solo hablándoles con bondad y amor. Mi esposa responde al elogio y, a decir verdad, a mí me encanta elogiarla. Es digna de todo lo que puedo darle y de más también.

Hasta donde puedo recordar, le he dicho todos los días que la amo y que es hermosa. Sé que no siempre se siente hermosa ni adorable, pero siempre puedo sentir que cuando se lo digo, se siente alentada. Me gusta decirle lo bien que cocina; me gusta decirle lo agradecido que estoy por ella; le digo lo feliz que estoy de que sea la madre de mis hijos; le digo cuánto me bendicen su amor, su apoyo y sus oraciones por mí. Y, por supuesto, le digo todas estas cosas porque las creo de verdad. No se trata de una fórmula que he encontrado para tener un matrimonio feliz; es lo que siento por ella en mi corazón.

Aun así, no me malentiendas. No soy un «romántico empedernido» que piensa en expresarle sentimientos amorosos a su esposa cada minuto del día. Sin embargo, como es probable que hayas escuchado, el amor no es un sentimiento, es una decisión. He decidido hacer esto y, por su gracia, Dios llena cada vez más mi corazón con amor hacia Cheryl. Y Él hará lo mismo por cualquier hombre que tome esa decisión.

Hombres, decidan alentar a sus esposas aprendiendo a expresarles cariño, entregándose a sí mismos en amoroso servicio y diciéndoles cuánto las aman y las aprecian. Esto es lo que significa alentar su matrimonio.

Construye, levanta

Crecer juntos de una manera piadosa significa que se acercan cada vez más el uno al otro. Significa que redirigen el centro de su atención del desierto en el mundo material y levantan la vista a la riqueza y la fecundidad de los propósitos celestiales. La manera adecuada de mantener sus prioridades en línea con la voluntad de Dios es manteniendo sus ojos y su corazón en lo mejor de Dios para su matrimonio.

Al buscar la sabiduría, la dirección y la gracia que necesitan para atravesar cada día, recordarán edificar y levantar a su ser amado. Lo lograrán mediante las palabras bondadosas, la generosidad con el tiempo y la atención, y con acciones que muestren apoyo y amor incondicional.

Y lo que es más importante, levanten a su cónyuge en oración. Cuando le entregan a Dios sus necesidades y preocupaciones, su cuidado y amor eterno inspirarán a su cónyuge de maneras notables.

Conocer es crecer

1. Siéntense juntos y exprésense el amor y la gratitud del uno hacia el otro. La simple declaración «Te amo» significa mucho.
2. Conversen sobre los sentimientos que tuvieron cuando se enamoraron el uno del otro. Describan lo que vieron y amaron en el otro en ese momento. Siempre es hermoso regresar en el tiempo y recordar la primera vez que se vieron, la primera conversación, la primera cita, la primera vez que se tomaron de las manos, etc. ¿En qué se diferencian las perspectivas que cada uno tiene de las historias?
3. Planeen un día en este mes para escribirse cartas el uno al otro en las que se expresen su amor y repitan los votos o refuercen el deseo de crecer juntos a partir de este punto. Las cartas son muy románticas y pueden guardarse con amor durante años.

Gracia para crecer juntos

Padre, tú eres nuestra fuente inagotable de aliento y esperanza. Danos mentes y corazones que se vuelvan hacia tu bondad, de modo que podamos recibirla y demostrárnosla. Renueva a diario en nosotros el deseo de servirte a ti y de servir a nuestro matrimonio con profunda devoción. Cuando tengamos luchas para someternos, recuérdanos tu sacrificio de modo que podamos servirnos el uno al otro con corazones alegres. Señor, bendice nuestro matrimonio. Y permite que nuestro matrimonio sea una bendición para ti.

Notas
1. Alvin J. Schmidt, *How Christianity Changed the World*, Zondervan, Grand Rapids, MI, 2004, pp. 97-102.
2. Schmidt, pp. 97-102.
3. *Ibíd.*

Quinto fundamento:
Ejemplifiquen

Pero tú habla de lo que vaya de acuerdo con la sana doctrina. Que los ancianos sean sobrios, serios, prudentes, sanos en la fe, en el amor y en la paciencia. Asimismo, las ancianas deben ser reverentes en su porte y maestras del bien, no calumniadoras ni esclavas del vino; deben enseñar a las mujeres más jóvenes a amar a sus maridos y a sus hijos, a ser prudentes, castas, cuidadosas de su casa, buenas y sujetas a sus maridos, para que la palabra de Dios no sea blasfemada.
Tito 2:1-5

Quinto fundamento

Ejemplifiquen

El pequeño frente de la iglesia estaba atestado de gente joven. Su exuberancia llenaba de energía la habitación. Con gran expectativa, el grupo esperaba que el joven que estaba parado delante, nuestro hijo, abriera la Biblia. «Busquen en sus Biblias 1 Corintios 11. Esta noche, estudiaremos los versículos del 1 al 10». Brian y yo casi gemíamos. Sabíamos lo difícil que era una exposición sobre ese pasaje en particular. Era un capítulo controvertido para muchos pastores, pero nuestro hijo, Char, de veintisiete años, estaba a punto de enseñarle a su creciente congregación de este complejo pasaje.

En silencio, oramos. Leyó los primeros diez versículos que comienzan con la apelación de Pablo a los corintios para que lo imiten a él así como él imitaba a Cristo. A partir de allí, el pasaje habla sobre los papeles de los hombres y las mujeres en la iglesia. Pablo le habló a esos inmersos en la cultura corintia sobre el velo con que las mujeres debían cubrirse la cabeza.

En la iglesia contemporánea, el debate suele centrarse en este versículo porque los creyentes no saben qué hacer con la idea de la cabeza cubierta. ¿Es este un mandato bíblico para las mujeres? ¿Habla de poner a las mujeres en una posición inferior a la de los hombres? A los cristianos de hoy les trae confusión. Continuamos observando a nuestro hijo con gran respeto. No había elegido un pasaje fácil sobre el cual hablar, pero parecía ansioso por ahondar en él y sacar la verdad de la Escritura.

Char suspiró al terminar de leer los versículos del 1 al 10, y entonces se lanzó de lleno a su mensaje. Tomó primero el versículo 10: «Por esta razón, y por causa de los ángeles, la mujer debe llevar sobre su cabeza una señal de autoridad». Explicó que Dios creó a los hombres para que sean hombres y a las mujeres para que sean mujeres. En el esquema de la creación de Dios, Él tenía un propósito y un papel divino para cada sexo. Cuando las mujeres actúan como mujeres y cumplen con la posición que les ha dado Dios, y los hombres se comportan como hombres y cumplen los papeles que les ha dado Dios, el Señor es glorificado delante de los ángeles del cielo, enseñó.

Char creía que Pablo usó el ejemplo específico de la cobertura en la cabeza porque en la iglesia de Corinto solo las usaban las mujeres. Continuó diciendo que era una ilustración relevante desde el punto de vista cultural, pues Pablo la usó para iluminar la feminidad en la iglesia de Corinto. Les dio una manera tangible y práctica de comprender el mensaje de Pablo de honrar a Dios como hombres y mujeres.

Como padres orgullosos, escuchamos absortos y solo nos desviábamos un segundo de vez en cuando para sonreírnos el uno al otro durante el sermón de nuestro hijo. Cada sonrisa comunicaba nuestro mensaje tácito hacia el otro: «Lo entendió bien. ¡Nuestro hijo lo entendió bien de verdad!».

Los papeles dados por Dios

A medida que las culturas y las prácticas sociales cambian, los papeles de los hombres y las mujeres se redefinen a menudo. Sin embargo, los principios del propósito de Dios al crear a los hombres y a las mujeres como seres únicos y diferentes el uno del otro no han cambiado.

En la actualidad, la atmósfera que impregna Hollywood, la industria de la moda y otras influencias en la sociedad son una mezcla de masculino y femenino de modo que quedan pocas diferencias. Está en boga que los hombres actúen como mujeres y las mujeres actúen como hombres. En cambio, Dios no creó las cosas así. La iglesia debe ser un lugar donde se vean la gloria, el propósito y el diseño de Dios al crear a las mujeres para que sean mujeres y a los hombres para que sean hombres.

Las mujeres deben adoptar su feminidad. Deben ser tiernas, amables y revelar su fuerza como ayudas idóneas. Los hombres deben ser fuertes, líderes protectores. Ambos sexos deben vestirse como es debido. Es probable que el estilo de feminidad y masculinidad pueda cambiar en la apariencia externa (los hombres ya no usan largas túnicas ni togas en público), pero la distinción diseñada por Dios sigue siendo la misma.

Quinto fundamento: Ejemplifiquen

Dios fue el que creó a Adán como hombre. Dios fue el que formó a Adán del polvo de la tierra. Dios fue el que dijo: «No está bien que el hombre esté solo; le haré una ayuda a su medida» (Génesis 2:18).

Fíjate que Dios no decidió hacer una ayuda exactamente igual que Adán. Dios creó una ayuda que le sirviera de complemento. Dios creó a Eva distinta a Adán, aparte de él y con propósitos diferentes. Es un verdadero y maravilloso regalo que Dios no pretendiera que esos compañeros fueran idénticos. ¡Piensa en la cantidad de problemas que tendrían nuestros matrimonios si fuéramos iguales!

La idea de la creación de los hombres y las mujeres con propósitos diferentes puede ser una afrenta para el espíritu igualitario de esta época, pero es el propósito de Dios en la creación y para tener matrimonios saludables. ¡También es nuestro gran regalo como parejas casadas! Después que Dios creara a estos dos seres distintos pero complementarios, pronunció una bendición sobre su unidad. Nosotros también somos bendecidos en nuestros matrimonios cuando seguimos los propósitos de Dios para nosotros como hombres, mujeres y compañeros.

En su breve epístola a Tito, Pablo le asigna a su joven colaborador la tarea de enseñarles a los hombres y a las mujeres los papeles en la iglesia dados por Dios.

> Pero tú habla de lo que vaya de acuerdo con la sana doctrina. Que los ancianos sean sobrios, serios, prudentes, sanos en la fe, en el amor y en la paciencia. Asimismo, las ancianas deben ser reverentes en su porte y maestras del bien, no calumniadoras ni esclavas del vino; deben enseñar a las mujeres más jóvenes a amar a sus maridos y a sus hijos, a ser prudentes, castas, cuidadosas de su casa, buenas y sujetas a sus maridos, para que la palabra de Dios no sea blasfemada (Tito 2:1-5).

Fíjate en las características distintivas de los hombres y de las mujeres mayores. Ambos deben ser reverentes y respetuosos, pero existe una diferencia definitiva entre las conductas que se requieren.

A algunos hombres les parece que parte de su masculinidad es manejar las finanzas. Otros les delegan ese papel a las mujeres como administradoras del hogar, a fin de poder ocuparse de la tarea de proveer para la familia sin distracción. Las finanzas no son la verdadera prueba de masculinidad. El sello de la masculinidad es plantarse en Cristo contra las fuerzas del mundo, de la carne y del diablo. La masculinidad viene en la medida que un hombre recibe las órdenes de marcha del Capitán de su salvación, el Señor Jesucristo.

Mientras que algunas mujeres son madres que pueden quedarse en sus casas, otras trabajan fuera del hogar y ayudan a suplementar el ingreso de la casa. Ni trabajar fuera de la casa ni quedarse en el hogar es la marca de la feminidad. La feminidad se define por el principio mayor de permitirle a Dios obrar en ti los propósitos para los cuales te crearon.

Cómo ejemplificar nuestros papeles en el hogar

B A diferencia de la visión que tienen algunos sobre la división de los sexos, la masculinidad y la feminidad no se basan en quién limpia la casa, lava los platos, ni prepara la comida. La masculinidad es el papel de liderazgo que el hombre asume en el hogar al presentarse frente a Dios a favor del bienestar espiritual, físico y emocional de su hogar. La feminidad es el papel de una mujer como apoyo espiritual y emocional del liderazgo de su esposo. El papel de apoyo también puede implicar suplir los déficits que deja su esposo.

Los hombres son grandiosos a la hora de olvidar u omitir pasos importantes. Cuando vivíamos en Inglaterra, solía anunciarles a los miembros de la iglesia una comida de toda la congregación para el domingo siguiente. Siempre le aseguraba a Cheryl que no tenía de qué preocuparse, que yo me ocuparía de todo. Sin embargo, Cheryl tenía motivos para preocuparse. Cosas como las servilletas, los manteles y los vasos para beber jamás entraban en mi mente. Yo me concentraba en la comida y en la confraternidad. En lugar de señalar todo lo que se necesitaba para que estos tiempos de compañerismo tuvieran lugar sin problema, Cheryl juntaba a algunas mujeres y ellas traían todos los accesorios necesarios para la comida. ¡Estas comidas fraternales siempre eran un éxito!

Años atrás, una pareja de Europa Oriental se quedó a vivir con nosotros durante un período largo. Aquel hombre observaba cómo interactuábamos Cheryl y yo, y examinó a fondo mi participación en el trabajo de la casa en nuestro hogar. Un día, se me acercó mientras yo lavaba los platos.

—En mi cultura, los hombres jamás lavan los platos —dijo con un aire de desdén.

—Yo respondo a una cultura superior —contesté—. Soy siervo de Jesucristo y su cultura instruye que quienes son los mayores en una casa deben ser los siervos. Decido mostrarle a Cheryl mi amor y mi valoración por todo lo que hace por mí, por nuestros hijos, nuestro hogar y la iglesia lavando los platos en su lugar.

El hombre bajó la cabeza.

—Yo le hago las compras a mi esposa —dijo, tratando de justificar sus omisiones.

Me reí.

—Creo que esa es la parte que Cheryl más disfruta.

Más adelante, mientras se preparaba para regresar a su país, el hombre me dijo: «Me has dado mucho sobre qué meditar respecto a esto de ser el siervo en mi propia casa».

¿Qué ejemplo le das a tu familia y a todos los que observan a tu familia en acción? ¿Notan los pequeños actos de amabilidad que se ofrecen el uno al otro? ¿Pueden ver cómo ambos disfrutan de los puntos fuertes que les ha dado Dios?

Cada vez que recibes a alguien en tu casa, cada vez que sirven a otros como familia y cada vez que realzas tu matrimonio al poner en práctica tu propósito, honras a Dios en tu papel como esposo y esposa.

¿Maldición o bendición?

Crecí en la proverbial pecera. Como hija de un reconocido y amado pastor, y de su igualmente amada esposa, siempre me observaban. Con frecuencia se me acercaba alguien que me decía: «Te vi los otros días y estabas haciendo...» o «¿Ese atuendo es apropiado para la iglesia?». Por lo general, se referían a unas sandalias que me encantaba usar con casi todo.

Pronto me di cuenta de que ser observada podía ser una maldición o una bendición según como eligiera vivir la vida. Si dedicaba mi vida por completo a Jesús, podía resultar una oportunidad para

Crezcan juntos como pareja

mostrarles a los demás cómo vivir para Él. Si decidía vivir para mi propia satisfacción, sería una maldición. Me atraparían, me castigarían, darían malos informes de mí y me reprenderían a cada momento. Al contemplar ambas alternativas, decidí vivir para Jesús.

Asimismo, el modo en que deciden vivir en su matrimonio puede ser una bendición o una maldición. Si como pareja deciden descubrir y obedecer los papeles ordenados por Dios en el matrimonio, su relación matrimonial será un ejemplo y una bendición para otros. En cambio, si eligen buscar su propia satisfacción sin considerar la voluntad de Dios o los sentimientos del cónyuge, su matrimonio será una maldición para ustedes y una piedra de tropiezo para otros.

Una vez, Brian y yo conversamos con un joven que era muy liberal en su teología. Nos dijo que había llegado a esas conclusiones porque sus padres, que decían ser cristianos piadosos, nunca pudieron llevarse bien. ¿Esto no es revelador? No había basado sus filosofías en las verdades bíblicas, sino en el matrimonio infeliz de sus padres.

Un matrimonio piadoso brinda la oportunidad de mostrar la intención, el propósito y la gloria originales de Dios en la creación del hombre y la mujer. También establece un patrón para otros que quieren tener matrimonios piadosos. Tu relación no solo tiene el potencial de ser una bendición para ti y tu cónyuge, sino también de ayudar a otros que desean tener un matrimonio bendecido.

Un buen matrimonio es una bendición para los demás. Un matrimonio malo es una maldición para sus integrantes, para los que los rodean, para los que nacen dentro de él y para quienes lo observan. Cuando la gente ve un mal matrimonio, teme entrar en un pacto así con alguien. Pierden la fe en el poder de Dios para sanar, bendecir y obrar a través del matrimonio.

El poder de un matrimonio piadoso

La gente se siente atraída hacia el éxito, la felicidad y la plenitud. Y cuando ve algo que da resultado, quiere copiarlo. Si pruebas los fideos de alguien y es la mejor pasta que hayas probado, quieres la receta. Quieres saber cómo puedes preparar el mismo plato con los mismos resultados gratificantes. Cuando la gente es testigo de alguien que

QUINTO FUNDAMENTO: EJEMPLIFIQUEN

pone en práctica su fe y su propósito, se siente atraída a una vida igual de satisfactoria. Pronto querrán saber el secreto de una vida tan buena.

Este es el poder de un matrimonio piadoso. Cuando ponemos en práctica lo que Dios tiene planeado para nuestra relación y luchamos por servirlo y honrarlo, la gente nota la calidad de vida resultante. Aunque no te des cuenta, la gente observa tu matrimonio. Toman nota mentalmente. Tal vez se trate de un extraño en un café que presta atención a cómo disfrutan tú y tu cónyuge la compañía mutua. Quizá se trate de alguien que conoces y que sin querer los ve discutir. Depende de ti que tu matrimonio proporcione un ejemplo de frutos buenos y de justicia frente a tu familia y a quienes los conocen. Así como la gente quiere la fórmula para un negocio exitoso o el ingrediente secreto de las mejores galletas, querrá saber lo que sucede en un matrimonio piadoso. Hasta es probable que algunos se tomen el tiempo para recibir las directivas.

Sin embargo, ten en mente que mucha gente, los hombres en especial, querrán omitir las directivas y obtener los resultados. Mirarán la foto del postre en el libro de cocina y dirán: «Eso es lo que quiero», aunque no estén dispuestos a leer la lista de ingredientes y las instrucciones. Lo mismo sucede en el matrimonio. Aunque muchas parejas no se tomarán el tiempo para leer un libro sobre el matrimonio, *sí* se fijarán en el cuadro de una pareja felizmente casada y dirán: «Eso es lo que quiero». Y a partir de allí, escucharán y observarán, y es de esperar que imiten las prácticas que indica Dios.

Un matrimonio piadoso le trae gloria a Él. Cuando el hombre ama a su esposa y la mujer respeta y se somete a su marido como al Señor, se ven los propósitos divinos de Dios.

Conozco a un matrimonio que son más pobres que un ratón de iglesia, pero son ricos en amor y respeto mutuo. Este respeto y este amor son lo que realzan sus vidas y es irresistible. Su hija anhela tener algún día un matrimonio como el de sus padres, más allá de cualquier idea sobre la seguridad financiera.

Un matrimonio piadoso da esperanza a otro matrimonio que tiene luchas. Causa una impresión mucho más fuerte que la de cualquier sermón. Dice a gritos que el matrimonio vale la pena. Promete recompensas emocionales y espirituales a cualquiera que quiera enmendar sus actitudes y buscar la bendición de Dios en su propio matrimonio.

¿Quién observa su matrimonio?

B Aunque no lo sepamos, a todos nos observan. No me refiero al programa de televisión «Gran Hermano», sino a diferentes audiencias que toman nota. El mundo observa nuestros matrimonios. Así es, los no creyentes los observan. No puedo decirles cuánta gente me dice que planea «hacerse religioso» después que se case. ¿Por qué sucede esto? Porque se han dado cuenta de que los matrimonios que ponen a Dios en el primer lugar son más felices y más exitosos. Por supuesto, los aliento a que le den el primer lugar a Dios ahora mismo, de modo que cuando entren al matrimonio estén espiritualmente preparados para sus demandas y recompensas.

En una de las clases de Cheryl, las mujeres se quejaban de sus esposos. Mi esposa dijo de pronto:

—Lamento mucho oír esto de sus matrimonios. Yo encontré a un hombre maravilloso de entrada.

Una mujer la miró desconcertada y con un rico acento escocés le preguntó:

—¿Y qué es lo que hace que tu hombre sea tan especial?

Cheryl pensó un momento y como no quería dejar a nadie fuera, respondió:

—Es amable y agrada a Dios.

—Sí. Esas son las mejores características que puede tener un hombre —respondió la mujer con melancolía.

Muchas veces, en esa misma clase, las mujeres le hicieron preguntas a Cheryl sobre nuestro matrimonio y qué lo hacía funcionar. Tuvo la oportunidad de contarles a las participantes sobre el poder de Dios obrando a través de nuestras vidas y de la promesa de Dios de obrar en la vida de todo aquel que le dé la oportunidad de hacerlo.

A Cheryl y a mí nos encantaba tomar café en cierto lugar en la ciudad donde vivíamos. Cada vez que me sentaba a tomar un café sin Cheryl, los empleados de allí me preguntaban dónde estaba. Se habían acostumbrado a vernos juntos.

Una de las muchachas más jóvenes de allí me comentó cuánto la alentaba ver la manera en que Cheryl y yo parecíamos divertirnos tanto juntos. «Los veo cómo conversan y ríen juntos mientras están sentados». Cuando le conté que así había sido durante treinta y un años, quedó asombrada. Quiso saber cuál era la fórmula de nuestro éxito y tuve la oportunidad de contarle sobre el poder de Dios obrando en nuestras vidas para bendecir nuestro matrimonio.

Nuestros hijos también observan nuestro matrimonio con mayor atención de lo que pensamos. Nuestros propios hijos han observado nuestro matrimonio de primera mano. Nos han visto discutir de manera intensa. Nos han visto negociar. Nos han visto reconciliarnos. Nos han visto orar juntos. Nos han visto llorar juntos. Nos han visto reír. Nos han visto trabajar juntos como equipo y nos han visto trabajar en equipo estando separados, con el mar de por medio. Nos han visto resistir la tentación y apartarnos de los coqueteos.

Cuando nuestro hijo mayor tenía cuatro años, tomó sobre sus hombros la tarea de salvaguardar mi matrimonio con su madre. Un día, mientras Cheryl se encontraba comprando pintura, a Char le pareció que el vendedor medio calvo era demasiado amistoso con su madre. Se puso las manitos sobre las caderas y con un ceceo imposible de ocultar, miró al hombre directo a los ojos y anunció: «¿Sabe? Ella está casada... ¡con mi papá!».

Con sus escasos cuatro años, la unión de sus padres era de suprema importancia para nuestro hijo. Incluso entonces, él observaba.

No obstante, existe una audiencia mayor que la iglesia, el mundo y hasta nuestros hijos. Según 1 Corintios 11:10, Efesios 3:10 y 1 Pedro 1.12, hay principados y potestades invisibles que observan. Así es. Poderes invisibles observan nuestros matrimonios. Escudriñan la creación de Dios del hombre, de la mujer y del matrimonio para glorificarlo, o para deshonrarlo a Él y a su creación. Un matrimonio piadoso exhibe su poder y sus propósitos frente a las deidades angelicales.

Tu matrimonio tiene el potencial de resaltar el poder de Dios frente a parejas influenciables en tu iglesia, frente al mundo que observa, frente a tus hijos que se maravillan y frente a los principados que esperan ver si Dios es sabio de verdad en sus propósitos. Además, Él está listo para suplir todo lo que necesites para tener un matrimonio piadoso y que lo glorifique a Él.

¿Qué ejemplifica un matrimonio piadoso?

Muchas características piadosas pueden verse mejor, o solo verse, en el matrimonio. Es uno de los mayores entornos en el que el fruto del Espíritu se puede ejemplificar y probar. Piénsalo. El matrimonio une a dos individuos distintos y únicos por completo, con naturalezas humanas frágiles y caídas, y los lleva más allá de lo que es posible por naturaleza, ¡a fin de formar una unidad completa, satisfactoria y llena de gracia! Solo Dios puede lograr algo así.

El matrimonio ejemplifica un amor que puede perdurar. La mayoría de las relaciones entre hombres y mujeres fracasa en un momento u otro debido a que no tienen o no dependen del divino mortero de Dios para guardarlos juntos. Cuando la gente se entera de cuánto tiempo hace que Cheryl y yo estamos casados, suelen quedar boquiabiertos y preguntan: «¿Cómo han podido mantener la relación durante tanto tiempo?». Respondo que no he sido yo el que lo ha hecho, sino Dios.

Cuando pronuncié por primera vez los votos donde prometía amar y cuidar en enfermedad y en salud, en realidad no era del todo consciente de lo que decía. Solo quería seguir adelante con la ceremonia y con mi vida. Nunca me di cuenta de la intención de esas promesas hasta que me abatió el síndrome de fatiga crónica. En ese entonces, Cheryl estaba embarazada de nuestro segundo hijo.

Mientras yacía en la cama, sabía que ella no se había anotado para participar en esta situación. Sin embargo, se quedó a mi lado para cuidarme hasta que recuperara la salud. Me llevó de ida y de vuelta al médico y oraba con fervor por mi recuperación. Con el tiempo, pude retomar algunos aspectos de mi antiguo programa, pero llevó largo tiempo hasta que la fatiga crónica disminuyera lo suficiente como para que volviera a asumir todas mis responsabilidades.

Durante este período, había gente que nos observaba. Veían la fidelidad y el amor de Cheryl hacia mí en la enfermedad, y se sintieron alentados y ayudados por su ejemplo. Muchas veces cuento esto cuando doy consejos o cuando enseño.

Por su parte, Cheryl podría hablar de mi perseverancia a su lado a través de cuatro embarazos y de toda la gama de emociones que le acompañan, así como las distintas formas que adquirió su cuerpo. Hay veces en que la elogio y ella responde: «Doy gracias a Dios que engaña tu mente para que pienses que soy hermosa».

Quinto fundamento: Ejemplifiquen

No existe otra atmósfera que pueda ejemplificar mejor la gloria de la gracia que el matrimonio. Muchas veces, la gracia se ha definido como «las riquezas de Dios a expensas de Cristo». Sin embargo, es más que eso. La gracia perdona nuestros pecados, pasa por alto nuestros defectos, nos trae a la familia misma de Dios y nos inunda con bendiciones inmerecidas. La gracia también nos da el poder para obedecer los mandamientos de Jesús.

La misma gracia de Dios se ejemplifica en el matrimonio cuando nosotros, mediante su poder, decidimos perdonar a nuestros cónyuges, pasar por alto sus defectos, restaurar una relación de corazón a corazón e inundarlos con bendiciones inmerecidas. La gracia es el maravilloso poder de Dios que obra en nosotros de modo que podamos obedecer y seguir sus directivas en nuestro matrimonio y en nuestras vidas. Esta gracia divina se manifiesta de manera hermosa en un matrimonio piadoso.

Un matrimonio así brinda la oportunidad para que se vea la fe. Cuando una pareja ora, cree y se aferra a las promesas de Dios para su matrimonio, familia, finanzas y sustento, la recompensa de la fe se pone en evidencia.

Fe y amor en acción

Una pareja que conocemos atravesó algunos contratiempos financieros extremos. El esposo estuvo dos años sin trabajo. Durante ese tiempo, continuaron buscando a Dios por su familia, bienestar y finanzas. Por más de dos años, Dios pagó de forma milagrosa cada cuenta y los sostuvo. Al cabo de ese tiempo, la compañía volvió a contratarlo. Cada vez que otra pareja se enfrentaba a dificultades financieras, le recomendábamos que se encontraran y cenaran con estos amigos. Después de la cena, nuestros amigos solían tomarse de las manos y testificaban del cuidado y la provisión del poder de Dios del que fueron testigos durante más de dos años. ¡Qué inspiración y ejemplo fueron y son del poder de la fe en un matrimonio!

El matrimonio ejemplifica muchos atributos únicos y maravillosos. Un matrimonio piadoso puede mostrar unidad, resistencia, satisfacción, gozo y felicidad. Puede proporcionar seguridad, promesa y la sensación de pertenencia. Y lo más importante de todo es que ejemplifica la bendición de Dios. Él desea bendecir su institución: el matrimonio. Quiere usar tu matrimonio para mostrar su perfección y sabiduría al crear a los hombres y a las mujeres como seres diferentes con propósitos establecidos.

El propósito supremo de Dios al crear el matrimonio fue y es *bendecir*. Escogió al matrimonio como la institución mediante la cual bendeciría a los hombres y a las mujeres. Proverbios 18:22 declara: «El que halla esposa halla algo bueno y alcanza el favor del Señor» (LBLA).

Dios está listo y a la espera de bendecir su matrimonio. Su deseo es hacer de su matrimonio un ejemplo que otros puedan imitar. A través de su matrimonio, Él desea mostrar el fruto del Espíritu y el poder de su Espíritu en acción en las vidas de dos seres humanos frágiles y llenos de errores. ¿Le permitirán que haga de su matrimonio un lugar donde pueda mostrar bendición? Él les dará el poder para hacerlo si tan solo se lo piden y se rinden a su voluntad y directivas.

Conocer es crecer

1. ¿Han renunciado a su papel y a sus propósitos distintivos como hombre y mujer para cumplir con expectativas sociales o para agradar a otros? Conversen sobre cómo cada uno puede adoptar las cualidades que les ha designado Dios. ¿Cómo le darán realce a su matrimonio la celebración de esos propósitos y diferencias? Mírenlo como una aventura apasionante para crecer juntos como esposo y esposa.

2. Dediquen una cita o una velada relajada en el portal y conversen sobre los modelos de matrimonio que han tenido ambos. Buenos. Malos. ¿De qué manera estos ejemplos le dieron forma a sus convicciones para el matrimonio que tienen hoy? Hagan una lista de tres atributos piadosos sobre los cuales ambos quieran trabajar de verdad en su matrimonio.

    1.
    2.
    3.

3. Consideren la posibilidad de reunirse con una pareja que respeten y admiren. Conversen con ellos sobre lo que hace tan fuerte

Quinto fundamento: Ejemplifiquen

su matrimonio. Su interés en su compromiso con el propósito de Dios para el matrimonio los alentará y reforzará el modelo de matrimonio que desean tener.

4. Ahora piensen en una pareja que conozcan y que tenga luchas, o una pareja de recién casados que comienza a abrirse paso en el terreno del matrimonio. ¿Qué pueden hacer para alentar a esta pareja? Comprométanse a orar por ellos y por una manera de inspirarlos. Invítenlos a comer. Consideren la posibilidad de comenzar un estudio bíblico o un grupo de debate para parejas. Fíjense hacia dónde los guía Dios para que ejemplifiquen la santa unión del matrimonio.

GRACIA PARA CRECER JUNTOS

Creador nuestro, tú nos hiciste, hombre y mujer, para que tengamos virtudes, habilidades e inclinaciones únicas. Aguza nuestra comprensión de estos atributos. Que podamos escudriñar tu Palabra con regularidad para caminar, vivir y amar de acuerdo a tu voluntad. Danos corazones que anhelen la vida que te agrada a ti. Guíanos a una pareja que presente un ejemplo vivo de tu visión para el matrimonio. Y permítenos convertirnos en mentores dispuestos de otros. Mantennos auténticos cuando mostramos nuestras debilidades, así como nuestros puntos fuertes, de modo que podamos señalar tu gracia como el vínculo que nos une, el amor que nos nutre y el milagro que nos hace crecer juntos. Amén.

Sexto fundamento:
Muestren empatía

*Tengámonos en cuenta unos a otros,
a fin de estimularnos al amor y a las buenas obras.*
HEBREOS 10:24

Sexto fundamento

Muestren empatía

Muchos matrimonios se tambalean debido a que uno de los dos se olvida de lo esencial que es identificarse con el otro. En Romanos 12:15-16, el apóstol Pablo resalta este fundamento cuando enseña: «Gozaos con los que se gozan y llorad con los que lloran. Tened el mismo sentir unos con otros» (LBLA).

La empatía es la práctica de pensar en la otra persona y de tratar de sentir lo que esta siente.

Muchos cónyuges están absortos y centrados en sí mismos. Ni por un instante pueden tomarse el tiempo para considerar los sentimientos del otro. Se concentran solo en cómo se sienten y en cómo se ven afectados en lo emocional. Cuando en un matrimonio se omite la empatía, se termina teniendo a dos personas que no se entienden y que incluso pueden resentirse entre sí con el paso del tiempo.

Dios nos llama a ver más allá de nuestras necesidades y nuestros deseos para que podamos comprender y servir a nuestro cónyuge. Al desarrollar el fundamento de la empatía, se fortalecerá la unión y la conexión entre los esposos. Se convertirá en el cimiento para conversaciones más significativas, búsquedas sinceras de sueños en común y el cumplimiento de los propósitos de Dios para el matrimonio. Y todo comienza en el corazón.

La conexión del corazón en la empatía

B El momento hubiera podido cambiar el curso de mi matrimonio para siempre. Sentía su mano cálida sobre la mía. Era una vieja amiga y nada hubiera podido parecer más natural en ese ambiente pintoresco.

Habíamos realizado un esfuerzo evangelístico cargado de emoción en pequeños pueblos ubicados tras la Cortina de Hierro. Los jóvenes en los pueblos habían respondido con entusiasmo a nuestro grupo evangelizador y al mensaje del evangelio. Todos nosotros, tres hombres y dos mujeres, habíamos dependido en gran manera de lo que había hecho Dios. Habíamos dejado a nuestras familias e iglesias atrás para poder trabajar sin ningún impedimento. Cheryl se encontraba en casa ocupándose del bienestar de nuestros hijos, de nuestro hogar y hasta de nuestro amado perro, mientras yo viajaba por tierras extranjeras. En tono de broma, la había llamado «guardiana del bagaje», en referencia a un pasaje en 1 Samuel donde David declara que «el mismo derecho tiene el que entra en combate como el que se queda al cuidado del bagaje. Todos merecen recibir lo mismo» (30:24).

Nuestro pequeño grupo de misioneros itinerantes se había unido de un modo espiritual. Juntos habíamos soportado las dificultades de tener que vivir sin las comidas conocidas, de tratar de comunicarnos con pocos elementos de lenguajes, de viajar de un lugar a otro y de alojarnos en lugares bastante primitivos. También habíamos formado una banda improvisada y la alegría de armonizar instrumentos y voces había entrelazado nuestros corazones. Sin embargo, nuestra camaradería se profundizó sobre todo al experimentar la maravilla de ver a nuevos creyentes venir a Cristo. Disfrutamos la euforia de ser testigos de las cosas extraordinarias que había hecho Dios.

Entonces, cuando sentí la suave presión de una mano que descansaba sobre la mía, casi ni me di cuenta. Eché una mirada hacia mi izquierda. La mujer me sonrió con inocencia. De repente, sentí una punzada en el corazón y una voz gritó en mi mente: *¿Cómo se sentiría Cheryl si viera que esta mujer te toma de la mano?* Es probable que solo fuera un gesto inocente, pero yo había dejado en casa a una esposa que confiaba en mí. Creía en mi fidelidad. Creía en mi amor. Me había liberado para que sirviera al Señor. La idea de que se sintiera lastimada porque otra mujer me tomaba de la mano no era agradable.

Con sutileza, retiré mi mano y miré a la joven de un modo como para que entendiera el claro mensaje de que yo no estaba interesado en estar en ese lugar.

Creo que en ese momento, nadie observó mis acciones.

Sin embargo, cuando llegué a casa, Cheryl me preguntó cómo me fue en el viaje. Le conté todas las cosas maravillosas que hizo Dios. Le

Sexto fundamento: Muestren empatía

conté sobre la gente que conocimos y la manera en que respondieron a la Palabra de Dios. Ella escuchó con atención. «¿Algo más?», preguntó.

Suspiré hondo. «Sí», le contesté. «Pensé mucho en ti». Sabía que mi esposa se sentía emocionalmente distanciada de mí porque no había participado del viaje. Ahora parecía que las mujeres que participaron del viaje tenían una conexión conmigo que no tenía ella. Esto le molestaba.

Entonces, le conté aquel incidente. Sonrió y dijo que ya lo sabía, pero que tan solo necesitaba oírlo de mí.

Le expliqué a Cheryl cómo el Señor movió mi corazón en ese momento a pensar en ella y en cómo se hubiera sentido con solo haber pensado en alguna otra persona. Le dije que no quería herirla jamás. Existía una conexión especial con ella aunque estuviera en otro país, porque sabía que ella estaba en casa como esposa fiel. Sabía que mi corazón estaba a salvo por completo con ella y quería que sintiera la misma seguridad respecto a mi corazón.

Como dije, este momento hubiera podido cambiar mi matrimonio para siempre. Y al final, lo hizo. Debido a la empatía... debido a la conexión del corazón que Cheryl y yo teníamos aun a kilómetros de distancia, nos sentimos más cerca el uno del otro de lo que jamás habíamos estado. Ambos estábamos aprendiendo a identificarnos con el otro. Mi esposa pensaba en mí, que estaba lejos en un país extranjero predicando el evangelio. Cada mañana y cada noche, oraba por mí, anticipando lo que podría depararme el día y las necesidades que podrían surgir.

Yo también pensaba en ella sola en casa con los niños. Oraba por ella que debía asumir mis responsabilidades aparte de las suyas. Ambos pensábamos con ternura en el corazón que confiaba en el otro corazón a tanta distancia.

Despertemos a la empatía

Recuerdo un incidente en particular años atrás, cuando le hice a Brian una pregunta inofensiva y él me respondió con una frialdad que no esperaba. Estaba tan molesta por su respuesta seca que no le era característica que subí las escaleras como una tromba y lo dejé sentado solo en un rincón de la sala.

Mientras golpeaba las almohadas con el pretexto de estar haciendo la cama, me quejé a Dios por todo lo que yo hacía en el matrimonio sin recibir recompensa. Le dije que yo era la que preparaba las comidas, limpiaba la casa y lavaba la ropa. Mantenía a los niños vestidos, limpios, arreglados y con un comportamiento decente. Enseñaba en la Escuela Dominical y mecanografiaba el boletín de la iglesia. Y para colmo, a las claras Brian no me valoraba, porque si lo hiciera, no me hubiera hablado de manera tan cortante.

Mientras mis pensamientos daban volteretas y se desordenaban tanto como las almohadas, el Espíritu del Señor irrumpió en mi corazón con un suave reproche. En mis reproches sobre mis buenas obras, ni siquiera había considerado lo que quizá hubiera detrás de la respuesta cortante que me dio Brian.

Me senté en la arrugada cama y le pedí al Señor que me hablara. Y me habló. Me dijo que mi esposo estaba luchando con una gran decisión. Sufría un suplicio respecto a qué hacer.

Bajé las escaleras con suavidad y de puntillas. Brian seguía en la silla donde lo dejé una hora atrás. «¿Te encuentras bien, Brian?», pregunté. Hizo girar la silla y pude ver la preocupación en su rostro.

«Estoy muy confundido», me confesó. «No quiero lanzar a la iglesia a una deuda, pero ya no hay espacio ni para un alfiler. Detesto ver cómo sudan los niños en los autobuses escolares que usamos como salas para las clases de Escuela Dominical».

Estaba tan concentrada en mí misma que no me había dado cuenta de lo responsable que se sentía Brian por el bienestar de la iglesia que ya sobrepasaba la capacidad del salón. Me arrodillé junto a la silla y oramos juntos por la adecuada decisión y el edificio apropiado para el pueblo de Dios. Ambas cosas las suplió el Señor.

La empatía fue lo que me permitió ver más allá de mis propios sentimientos y comprender los asuntos con los que estaba luchando Brian. La empatía nos unió y nos permitió estar en la misma sintonía.

El significado de la empatía

Se muestra empatía cuando se considera los sentimientos o las situaciones difíciles del otro y se tienen esos mismos sentimientos o situaciones difíciles de manera emocional. Es pensar en lo que supla el

Sexto fundamento: Muestren empatía

bienestar y lo mejor para el otro. Jesús se refirió a esta actitud en Mateo 7:12 cuando ordenó: «Todo lo que quieran que la gente haga con ustedes, eso mismo hagan ustedes con ellos, porque en esto se resumen la ley y los profetas».

¡No mostramos la suficiente empatía! Por lo general, nos movemos por impulso y desde un lugar muy centrado en nosotros mismos. Al fin y al cabo, toda la actitud secular que nos rodea conduce al pensamiento centrado en uno mismo. Por todas partes hay consignas que nos comunican: «Si te hace bien, hazlo». Otras anuncian: «Te lo debes a ti mismo». Pensar en los demás no es una idea popular. Es más, en la mentalidad popular se está perdiendo toda la idea de sacrificio.

La empatía requiere que ese pensamiento y consideración tengan lugar antes de la acción. Antes de actuar por impulso, debemos considerar los sentimientos de nuestro cónyuge. Es importante que se hagan las siguientes preguntas:

- ¿Cómo se sentiría mi cónyuge si descubriera que hice esto?
- ¿Esta acción será beneficiosa o saludable para mi cónyuge y mi matrimonio?

Piensa en cuántos coqueteos, malas decisiones y malas inversiones se evitarían si nos tomáramos el tiempo para pensar en lo que pensarían nuestros esposos o esposas.

La práctica de la empatía

B Para algunas personas, la empatía es algo natural, pero casi siempre debemos desarrollar este hábito. La buena noticia es que tenemos al Espíritu Santo que nos impulsa a actuar de este modo y nos da el poder para hacerlo. Hebreos 10:24 detalla la práctica de la empatía: «Tengámonos en cuenta unos a otros, a fin de estimularnos al amor y a las buenas obras».

La empatía requiere la consideración de alguien que no seas tú mismo. Exige que se piense en el otro. Significa que debes pensar en su día, sus responsabilidades, sus dificultades, sus debilidades y sus emociones.

La empatía tiene dos consideraciones. La primera es la de *evitar herir al ser amado*. Para no lastimar a nuestro cónyuge, debemos considerar las palabras que usamos, la manera en que hablamos y las cosas que hacemos. Es evidente que esto requiere la intervención de Dios en nuestros corazones, a fin de que nos haga sensibles al modo en que hablamos y actuamos.

Años atrás, Cheryl se quejó con una amiga por la manera en que nuestro adolescente se dirigía a ella. Su amiga recordó que tuvo el mismo problema y le contó cómo llegó a tal punto de desesperación por mostrarle a su hija cómo era su conducta que decidió grabarla durante un estallido de ira. Luego, la madre reprodujo la grabación, pero quedó avergonzada ante su propio tono de voz y sus palabras. Se dio cuenta de que participó en la mala conducta de su hija y le pidió a Dios que obrara en ella de modo que pudiera hablarle con gracia a su adolescente. Él lo hizo.

Algunas veces, estamos tan concentrados en cómo nos tratan que no nos damos cuenta de cómo le hablamos y hasta provocamos a nuestro cónyuge. ¿Será necesario que quizá grabemos nuestro próximo conflicto para que podamos reconocer nuestra culpabilidad?

La segunda consideración de la empatía es *bendecir a tu cónyuge*. Esto quiere decir que deben saber cómo es esa persona. Cómprale a tu esposa las flores que le gustan tan solo para mostrarle que estuviste pensando en ella. Sorpréndela con una cena en su restaurante favorito. Lava los platos porque ella preparó la cena. Ofrécete para llevar a los niños a la cama y leerles la historia bíblica. Dale un abrazo...

Mira más allá de las palabras que el otro usa y trata de entender lo que sucede en su corazón. ¿Es inseguro o temeroso? ¿Está desalentado? ¿Está triste? ¿Está desilusionado? ¿Está solo?

Las mujeres deben pensar en las tentaciones, la competencia y la opresión que experimentan sus esposos durante todo el día. ¿Qué dificultades tiene que enfrentar tu esposo en el trabajo? Si hubieras tenido un día difícil y estuvieras exhausta de manera emocional, mental y física, ¿cómo te gustaría que te saludaran cuando llegas a casa? Algunos hombres requieren una hora de quietud cuando regresan de un día ajetreado en el trabajo. Otros necesitan un abrazo y que les traten con aprecio y elogio. ¿Qué necesita tu esposo?

Una gran manera de comenzar la práctica de la empatía es pedirle que te escriba una lista de las cosas por las que le gustaría que ores.

Esposas, pregúntenles a sus esposos cómo pueden orar por ellos mientras están en el trabajo. Esposos, pregúntenles a sus esposas cómo pueden orar por ellas. Cuando comenzamos a orar el uno por el otro, surge la empatía de manera natural (¿o tal vez deberíamos decir sobrenatural?).

Requerimientos y recompensas de la empatía

La empatía, como dijimos antes, requerirá la consideración de los sentimientos, actividades y dificultades del cónyuge. También requerirá saber lo que están atravesando de manera emocional y física. Tendrás que saber a lo que se enfrentan cada día. Será necesario ponerse en sus zapatos a fin de poder sentir lo que están sintiendo.

A veces, la empatía requerirá también la limitación de tus libertades por el bien del amor. Aunque tal vez te sientas en la libertad de hacer algo y sepas que para ti no significa nada, por amor a los sentimientos de tu cónyuge es probable que tengas que suspender esa actividad.

Hace poco, nuestro hijo y nuestra nuera discutieron por cierta palabra que usaba mi hijo. Esa palabra molestaba la susceptibilidad de nuestra nuera y ella se lo dijo. Él argumentó que la palabra no tenía nada de malo y que le gustaba utilizar esa frase. Dieron vueltas una y otra vez en torno al asunto. Al final, mi nuera tomó un enfoque diferente. «Quizá a ti te parezca que esa palabra está bien y es posible que sea así. No obstante, solo porque me amas y sabes que me molesta, ¿podrías dejar de usarla?» Esto le llegó a nuestro hijo.

Pensó en el término que usaba. ¿Valía la pena decirlo sabiendo que a su preciosa esposa le molestaba? Dejó de usarlo solo por amor.

La práctica de la empatía y hacer que esa parte de nosotros crezca puede requerir sacrificio algunas veces. También requerirá que recorras la milla extra. La empatía exige energía mental, compromiso emocional y sacrificio personal, pero bien vale la pena. La empatía pondrá al esposo y a la esposa en la misma sintonía. Realzará la comprensión y el aprecio mutuo como no lo hará ninguna otra práctica. Esta comprensión proporcionará paciencia hacia las incompetencias, las faltas de delicadeza y las debilidades del otro. También producirá una profunda sensación de comunión, de compañerismo y de compatibilidad en la medida en que cada uno piensa en el otro y lo considera.

Al considerar las necesidades y los sentimientos mutuos, concebimos y enriquecemos un aprecio por el papel, los sufrimientos y las esperanzas de nuestro cónyuge. Pídele a Dios que te ayude a comenzar a considerar a tu cónyuge como nunca antes, de modo que puedas estimularlo a las buenas obras.

CONOCER ES CRECER

1. Lean en voz alta el gran llamado de Pablo a la empatía: «Gozaos con los que se gozan y llorad con los que lloran. Tened el mismo sentir unos con otros» (Romanos 12:15-16, LBLA). Memoricen este versículo y aliéntense el uno al otro a seguir sus mandamientos.

    - *Gozaos con los que se gozan.* Busquen maneras de celebrar el uno con el otro. Celebren los logros o los puntos fuertes de su cónyuge. Denle algún gusto especial porque le honraron en el trabajo o porque mostró fortaleza bajo presión. Escriban una tarjeta donde lo reconozcan o feliciten por lo que hizo y muéstrenle que sienten su alegría.
    - *Llorad con los que lloran.* ¿De qué modo pueden ponerse junto a su cónyuge para apoyarle durante un tiempo de prueba o tristeza? Consideren la posibilidad de orar o de escribir una oración a su favor. Dediquen tiempo para sentarse con su ser amado y escucharle mientras expresan sus aflicciones. También, permite que el silencio sea un consuelo. Si lloran, quédense allí a su lado en oración.
    - *Tened el mismo sentir unos con otros.* Ocúpense de este aspecto importante de la empatía en su matrimonio. Conversen sobre lo que les produce gozo y lo que les causa tristeza. Es probable que no se den cuenta de la profundidad que tiene lo que cada

uno lleva por dentro en cuanto a lo emocional y espiritual día a día. Sean amables el uno con el otro y practiquen la compasión. Mientras conversan, piensen también en cómo pueden estar el uno al lado del otro y apoyar las necesidades del ser amado.

2. Dediquen esta semana y este mes a nutrir la conexión del corazón entre ustedes y con Dios. Comprométanse a orar todos los días por su cónyuge. Ahora que tienen una comprensión más profunda de sus necesidades, dediquen tiempo cada día para llevar esas necesidades ante el Señor. Pidan discernimiento de corazón y de mente a fin de poder actuar, hablar y servir con empatía.

GRACIA PARA CRECER JUNTOS

Amado Señor, danos espíritus y corazones que se llenen de empatía. Muéstranos el camino de la compasión mientras traemos las cargas del otro para tu cuidado. Permítenos regocijarnos el uno con el otro por los pequeños y grandes momentos de deleite y buscar razones para celebrar juntos. Guíanos a sentir empatía por los que están en nuestro medio. Apártanos de una conducta egoísta de modo que encontremos la gran satisfacción en el servicio mutuo, en servirte a ti y en servir a los demás, a los que están cerca y lejos. Bendice nuestra unión, Señor. Que nuestros corazones permanezcan atados al tuyo para que podamos permanecer conectados sin importar cuál sea la circunstancia.

Séptimo fundamento:
Iluminen

*El ladrón no viene sino para hurtar, matar y destruir;
yo he venido para que tengan vida, y para que
la tengan en abundancia.*
JUAN 10:10

Séptimo fundamento

Iluminen

Como todas las demás cosas que Dios hizo y que ama, el matrimonio es un blanco del odio de Satanás. Lo detesta y trabaja horas extras para destruirlo, en especial el matrimonio cristiano. Si el diablo puede derribar a una pareja cristiana, puede hacerle mucho daño a la causa de Cristo. Los conocidos, los amigos y los familiares que no son cristianos miran el fracaso del matrimonio de una pareja cristiana y se cuestionan la realidad del poder del evangelio. Los hijos cuyos padres cristianos se han separado suelen tropezar al punto de no querer saber nada con Cristo. Su razonamiento es que si Jesús no pudo guardar el matrimonio de sus padres de la ruina, es probable que tampoco pueda hacer mucho por ellos.

Dios creó la unidad familiar como el lugar ideal para nutrir en la fe a la siguiente generación, y por esa razón Satanás no escatima esfuerzos en destruirla, comenzando por la relación matrimonial.

Cuando iluminamos nuestros caminos y nuestros días con la Palabra de Dios y su verdad, el engaño de Satanás tiene menos posibilidades de ganar terreno en nuestra vida. Podemos comparar los pensamientos, las acciones, las conductas, los anhelos, las necesidades y los aspectos inquietantes con el propósito y el plan de Dios para saber si en verdad provienen de Él o están incitados por el enemigo.

Iluminemos nuestros matrimonios sacando a la luz lo que necesitamos saber sobre las fuerzas de la oscuridad y el gran regalo de Dios de la iluminación para nuestros caminos individuales y para la travesía matrimonial.

Arrojemos luz sobre la guerra espiritual

B En los primeros años de mi vida de casado y de mi ministerio, Cheryl y yo experimentábamos una situación recurrente que me resultaba muy frustrante. Parecía que cada vez que estaba a punto de participar en cualquier actividad del ministerio, sobre todo en la enseñanza de la Biblia, teníamos un enfrentamiento de alguna clase. Por lo general, se trataba de la exageración de algún problema insignificante. Una vez, cuando salía de la casa para ir a dar un estudio bíblico, Cheryl me gritó para asegurarse de que yo (el Sr. Espiritual) le dijera a la gente lo malo y desatento que fui con mi esposa. No recuerdo si usó la palabra *hipócrita*, pero de seguro que era eso lo que implicaba. Tal como lo hacía todas las demás veces, me dirigí hacia ese tiempo de enseñanza con el peso del conflicto y la acusación. Parecía insoportable y desalentador en extremo.

Esto sucedía de un modo tan constante, que podía prever cuándo vendría el golpe. Siempre vería pocas horas antes de un estudio bíblico. Al final, me di cuenta de que esto era más que una coincidencia. También era más que una rencilla entre Brian y Cheryl, ¡era guerra espiritual!

Casi todos los cristianos caminan durante años con el Señor sin ser conscientes de esta dimensión de sus vidas espirituales. Y como no son conscientes de la guerra espiritual en que se encuentran, experimentan la derrota una y otra vez. Recuerdo que cuando era un cristiano nuevo, de repente experimentaba un cambio del gozo, la paz y el entusiasmo a la lobreguez, la confusión y la frustración. *¿Qué ha sucedido?*, me preguntaba. *¿Por qué esta pesadez de repente?* Entonces, un amigo me puso al tanto de que estamos en una batalla y que no es contra carne ni sangre, sino contra el diablo y los gobernadores de las tinieblas. Me llevó un poco más de tiempo hacer la conexión en relación con nuestro matrimonio, pero una vez que vi cómo eran las cosas, obtuve una perspectiva nueva por completo sobre algunas de las luchas que experimentábamos.

Las artimañas del diablo

En su gran mayoría, los problemas con los que trato en mi tarea de aconsejar son problemas matrimoniales de una u otra clase. Satanás ataca los matrimonios desde todos los ángulos posibles. Algunas veces, el ataque es sutil, otras veces es descarado. En ocasiones, solo nos saca de quicio con pequeñas cosas irritantes hasta que explotamos el uno

Séptimo fundamento: Iluminen

contra el otro, mientras que otras veces, detona un dispositivo nuclear con el objetivo de quitarnos de en medio al instante. No podemos darnos el lujo de «ignorar sus artimañas».

¿Cuáles son esas artimañas? ¿Qué tácticas usa el diablo en su guerra contra nuestros matrimonios? Bueno, para empezar, el enojo, la falta de perdón y la amargura se encuentran en lo alto de su lista de cosas que emplea contra nosotros. Estos pecados le dan cabida al diablo en la vida de cualquier persona que los alberga, y de seguro que eso mismo es lo que sucede con la relación matrimonial. Por esta razón, el enemigo trata de atraparnos en una, o en todas, de estas actitudes destructivas hacia nuestros cónyuges.

Muchísimas veces he visto cómo estas cosas representan un papel principal en los matrimonios que fracasan. Satanás se deleita cuando bullimos de ira el uno hacia el otro como esposos; se deleita cuando nos negamos a perdonarnos de corazón; además, siente victoria cuando nuestra mezquina amargura se pone de manifiesto. Cuando tiene de dónde agarrarse en nuestra vida, se encuentra con mucha mayor ventaja en sus intentos de derribar nuestros matrimonios.

Todos nos enojamos algunas veces, pero debemos tener cuidado de no aferrarnos a ese enojo. El apóstol Pablo dijo: «Enójense, pero no pequen; reconcíliense antes de que el sol se ponga, y no den lugar al diablo». Satanás nos proporcionará toda clase de razones por las que nuestro enojo es justificado y por qué no debemos librarnos de él. Y muchas veces recibimos estas razones con gusto. Sin embargo, debes saber esto: ¡Es una trampa! Ten cuidado. No caigas en ella. Entrégale el problema al Señor y pídele que te dé fuerza para lidiar con la situación.

Puedo pensar en las muchas veces en que he sido tentado a retener mi enojo hacia Cheryl, o a negarle el perdón respecto a algún desacuerdo o disputa que tuvimos. En esos momentos, mi mente recibe buenas y lógicas razones por las que debería retener mi enojo: «Tiene que aprender una lección aquí». «Si la perdono con mucha facilidad, pensará que puede hacer esto mismo todo el tiempo». «No diré que lo siento; la equivocada aquí es ella».

¿Algo de esto te parece conocido? Esta es la clase de razonamiento que le encanta al enemigo, y si se lo permitimos, sacará ventaja de él. Cuando les proporcionamos un lugar a esta clase de pensamientos en nuestra mente, le damos lugar al diablo. Nos preparamos para una caída. Cuando alimentamos y acariciamos esos pensamientos, permitimos que esos resentimientos se vuelvan cada vez más oscuros. Cuando menos te das cuenta, un esposo puede imaginar que cruza de la manifestación emocional de su ira a una manifestación física. O fantasea con encontrar otra mujer que sustituya a su «difícil» esposa. Nos disponemos a recibir grandes pérdidas cada vez que albergamos el enojo y la falta de perdón. Las mujeres descubren las mismas tentaciones y los mismos problemas cuando le dan lugar a la influencia de Satanás para que se afiance en sus pensamientos.

Mientras aconsejo a parejas cristianas, he observado cómo se lanzan una acusación tras otra. A medida que se acalora la discusión, sacan a la luz fracasos, errores o promesas rotas de diez, veinte o treinta años atrás. Personas que una vez se amaron y en algún tiempo disfrutaban en verdad de estar juntos, se convirtieron en extraños distantes que casi no toleran estar en la misma habitación. Tal es la división que causan las cadenas de Satanás de la amargura y el odio.

El consejo que les doy a estas parejas es que dejen de acusarse y que busquen la ayuda del Espíritu Santo (el único que puede ayudar a esta altura), y que reciban la fuerza para perdonarse. Lo triste es que muchas veces este consejo ha caído en oídos sordos. El siguiente paso suele ser la aparición de los papeles de divorcio. Qué triste.

No tiene por qué ser así. Satanás nunca debería tener la victoria total sobre ningún matrimonio cristiano, y no lo hará si reconocemos sus tácticas y lo combatimos con las armas espirituales que nos ha dado Dios. «A quien ustedes perdonen, yo también lo perdono [...] en presencia de Cristo, para que Satanás no se aproveche de nosotros, pues no ignoramos sus artimañas» (2 Corintios 2:10-11, NVI). No le des vueltas a tu enojo; no te aferres a la falta de perdón; no permitas que la amargura se apodere de ti. Más bien,

> como escogidos de Dios, santos y amados, revístanse de entrañable misericordia, de benignidad, de humildad, de mansedumbre y de paciencia. Sean mutuamente tolerantes. Si alguno tiene una queja contra otro, perdónense de la misma manera que Cristo los perdonó (Colosenses 3:12-13).

Solo para hombres:
La batalla de la tentación sexual

B Existe un campo de ataque que quiero resaltar: La tentación a caer en pecado sexual y en adulterio. Muchas veces, la infidelidad es la causa de una ruptura matrimonial. Y en la mayoría de los casos, el hombre es quien sucumbe a la tentación y peca. Te recordaré que el enemigo, Satanás, puede manipular nuestra mentalidad, nuestras situaciones y tentaciones para crear la «tormenta perfecta» en sus intentos por destruir nuestro matrimonio.

En primer lugar, nos hace sentir disconformes con nuestra esposa, nuestro matrimonio, nuestra carrera y nuestra vida en general. Prepara nuestros corazones con más lujuria y descontento cuando miramos imágenes inapropiadas o decidimos ver películas con desnudos y sexo. Nuestra lujuria puede crecer y exigirnos más a medida que nos sentimos impulsados a recurrir a la Internet y a su acceso inmediato a la pornografía y la comunicación con otras mujeres.

Luego, en el momento preciso, envía a su agente (esa mujer dulce, comprensiva, adorable y hermosa) a nuestro lugar de trabajo, o la coloca junto a nosotros en la bicicleta fija en el gimnasio, junto a ti en la iglesia (los dos trabajan juntos en el equipo de adoración), o algunas veces justo en nuestro hogar (ofreciste prestarle el oído a una mujer y ahora coquetea contigo y tú caes en la trampa).

No estoy inventando. Estas cosas suceden de verdad. Podría contar muchas horrendas historias de la vida real sacadas de las primeras líneas del ministerio pastoral: hombres que fueron llevados «como ovejas al matadero» por mujeres inmorales que no son otra cosa más que agentes satánicos de destrucción. Como dije, algunas veces el enemigo pone en marcha un dispositivo nuclear para hacernos desaparecer de inmediato. El adulterio es como una explosión nuclear en el matrimonio. Deja atrás un desierto emocional y espiritual para los afectados.

Hombres, he aquí lo que deben hacer con gran diligencia:

1. *Guarda tu corazón*; de él fluyen los elementos esenciales de tu vida. Cuida que tus emociones jamás puedan controlar tus acciones. (Ya no siento que amo a mi esposa. Tengo sentimientos hacia esta otra mujer).
2. *Guarda tu mente*. El principal ataque de Satanás es contra nuestra mente, y aquí es donde va a tratar de obtener ventaja sobre nosotros. Pondrá en nuestra mente pensamientos malos e imaginaciones, con la esperanza de que los alberguemos, los adoptemos y, en definitiva, actuemos según lo que nos dictan.
3. *Guarda tus ojos*. No mires con lujuria o codicia a una mujer que no es tu esposa. ¡Deja de mirar de nuevo! Haz un pacto, como hizo Job, con tus ojos:

> ¿Cómo podía entonces mirar a una virgen? ¿Y cuál es la porción de Dios desde arriba, o la heredad del Todopoderoso desde las alturas? ¿No es la calamidad para el injusto, y el infortunio para los que obran iniquidad? ¿No ve Él mis caminos, y cuenta todos mis pasos? (Job 31:1-4, LBLA).

Estamos en guerra. Hay mucho en juego. No pases por alto el ataque de Satanás contra tu matrimonio. Resístelo manteniéndote firme en la fe. Hablaremos sobre el tema del sexo con mayor profundidad en otro capítulo, pero quise incorporar este problema grave del pecado sexual en este capítulo en específico. Es importante que entiendas que mientras le das lugar a la lujuria y al deseo en tu corazón, abres las puertas para que se produzca más destrucción y tentación espiritual.

Ilumina tu matrimonio

Hay veces en que el ataque que sentimos es de naturaleza sobrenatural. Sin embargo, ¿cómo reconocemos cuando es Satanás o es una simple riña con nuestro cónyuge? Aquí es donde se hace esencial la iluminación.

Muchas veces, las falsas creencias arrojan una sombra sobre nuestros pensamientos. Pueden presentarse como fuertes sugerencias de este tipo: «En realidad, no encuentras satisfacción en esta relación». «Tu cónyuge no te apoya».

Años atrás, una amiga estaba lista para dejar a su esposo. Cuando le pregunté cuál era el problema, me dijo: «Tan solo que no me apoya». Le pedí que me aclarara lo que quería decir, pero no pudo. Traté de ayudarla haciéndole preguntas específicas. En todas las cosas que mencionaba, su esposo iba más allá de sus expectativas. Al final, se dio cuenta de que no tenía base para su conclusión.

¿Cómo es que muchos hombres y mujeres comienzan su camino de pecado con la lenta quemazón del descontento? A partir de allí, nos produce mucha felicidad alimentar la llama mientras aceptamos por completo los susurros del diablo sobre «algo mejor» o sus mentiras igual de seductoras sobre no ser lo «bastante bueno» para una vida saludable, plena y piadosa. Entonces, ya sea que nuestro ego se inflame o que nuestra autoestima se vea pisoteada, estamos preparados para que influya en nosotros el poder de Satanás.

Solo para mujeres:

La historia de las mujeres y la guerra

En lo personal, creo que el enemigo opera sobre todo en las vulnerabilidades de las mujeres. ¿Recuerdas el huerto del Edén? No se nos cuenta si Satanás tuvo alguna conversación con Adán. ¿Por qué? Porque si lo hizo, no tuvo éxito. Pablo afirma: «El engañado no fue Adán, sino que la mujer, al ser engañada, incurrió en transgresión». Esto no quiere decir que los hombres estén exentos de la guerra espiritual; solo quiere decir que las maneras en que Satanás intenta manipular a las mujeres son diferentes a los medios que usa con los hombres.

En Génesis 2, se nos presenta el primer matrimonio. Parece ser una gran unión. Después de todo, ¡Eva estaba echa a la medida de Adán! Dios mira esta unión y la bendice al decir: «Sean fructíferos y multiplíquense; llenen la tierra y sométanla». Entonces Él «miró todo lo que había hecho, y consideró que era muy bueno» (Génesis 1:28, 31, NVI). Ese fue el estado original de la primera relación entre el hombre y su esposa.

No se nos dice cuánto tiempo permanecieron Adán y Eva en este estado. Lo que se nos cuenta es que Satanás, disfrazado de una inofensiva serpiente, empezó a conversar con Eva. Comenzó cuestionando las directivas de Dios. «¿Así que Dios les ha dicho a ustedes que no coman de ningún árbol del huerto?» (Génesis 3:1).

Satanás inició la conversación señalando y cuestionando las limitaciones en la vida de Eva. También cuestionó la validez de la palabra de Dios. Eva había oído la directiva de Adán. La repitió como la sabía: «Podemos comer del fruto de los árboles del huerto, pero Dios nos dijo: "No coman del fruto del árbol que está en medio del huerto, ni lo toquen. De lo contrario, morirán"» (Génesis 3:2-3).

Allí ya tergiversó lo que el Señor le había dicho a Adán. Lo que en verdad Dios había dicho era: «Puedes comer de todo árbol del huerto, pero no debes comer del árbol del conocimiento del bien y del mal, porque el día que comas de él ciertamente morirás» (Génesis 2:16-17). ¿Ves la diferencia? Eva añadió una partecita a la palabra de Dios al decir: «ni lo toquen». También disminuyó el grado de peligro al decir: «morirán» en lugar de «ciertamente morirás». Al alejarse de la palabra directa de Dios, era aun más susceptible a las sugerencias del diablo.

A continuación, el diablo le sugirió que la palabra de Dios no tenía poder. Dios dijo que el día en que comieran del fruto «ciertamente» morirían. Satanás contradijo directamente la palabra de Dios al decir: «No morirán».

Séptimo fundamento: Iluminen

A medida que Eva consideraba las mentiras del enemigo sin un conocimiento seguro de la palabra de Dios, comenzó a mirar con deseo el fruto prohibido. Tenía delante la idea de que podía hacer lo prohibido sin sufrir consecuencias negativas.

Por último, el diablo le dijo que el fruto prohibido encerraba una promesa para ella. Dio a entender que si lo comía, su vida se realzaría y sería como Dios, conociendo el bien y el mal. Además, dejó implícito que la única objeción verdadera de Dios a que comiera del fruto era que sería como los dioses. Esta es una clarísima tentación al ego.

¡Bien podría decirse que se tragó la mentira! Fue ella, no Adán, quien primero creyó la mentira y comió de lo que estaba prohibido.

El diablo sigue tratando de conversar con las mujeres para presentarles promesas falsas. Toma por ejemplo las tentaciones a las que se enfrentó mi buena amiga Donna. Donna tenía luchas en su matrimonio. Su esposo era indiferente a sus necesidades. Todavía lamentaba la ruptura de su primer matrimonio y no estaba listo para invertir la misma carga emocional en este nuevo matrimonio. Donna no era feliz, pero estaba comprometida con la relación en obediencia a la Palabra de Dios.

Un día, mientras estaba sentada tomando un café con leche en una cafetería, un hombre apuesto se le acercó. La miró con compasión y le preguntó si era feliz. Donna respondió con una media sonrisa y asintió con la cabeza sin estar muy convencida.

El hombre comenzó a elogiarla. Le dijo que presentía que no era muy feliz. Le dijo que Dios la amaba profundamente y que tenía grandes planes para su vida. El corazón de Donna comenzó a emocionarse con sus palabras.

Entonces, le preguntó si podía sentarse en su mesa. Donna hizo un gesto con la mano indicando un asiento vacío. El hombre se sentó y acomodó su taza de café.

—No tienes que seguir adelante con este matrimonio —le dijo mirándola a los ojos—. Existen mejores opciones para ti. Necesitas a alguien que te ame y te cuide de verdad.

Sus palabras eran suaves y agradables, pero Donna sintió algo que angustiaba su corazón. «Señor, dame discernimiento», oró en su corazón.

—Estoy comprometida con el Señor Jesús —le anunció al hombre. Él hizo una mueca—. Además, también estoy comprometida con el matrimonio que Dios me dio.

Ante esto, el hombre se recostó. Le echó una mirada despectiva por completo. Toda su conducta se transformó ante ella.

—¡Muy bien! —gruñó—. ¡Jamás serás feliz!

Se levantó de la mesa y salió por la puerta, dejando perpleja a Donna.

¿Qué acaba de suceder?, musitó para sí. La respuesta llegó de inmediato. Estuvo hablando con el diablo. No con el mismo príncipe de las tinieblas, pero fueron sus palabras en la boca de este hombre. Lo que escuchó fueron las sugerencias del diablo. Se estremeció con temor al pensar en lo cerca que estuvo de ceder su vida ante los ofrecimientos del diablo.

Tan solo un mes después se produjo un avance importantísimo en su matrimonio. Ella y su esposo tuvieron una larga conversación que terminó con los dos de rodillas volviendo a dedicarle sus vidas individuales y su matrimonio a Dios. Después de esa oración de consagración, todo cambió. Hoy en día, Donna y su esposo sirven juntos con felicidad en el ministerio y en el matrimonio.

Cuando te encuentras más vulnerable en el aspecto físico, mental o espiritual, el diablo tiene más posibilidades de captar tu atención y de señalarte tus anhelos, tus sueños rotos y todo lo que no anda bien en tu vida. No sueltes la esperanza y la gracia de Dios a cambio de los engaños y de los susurros destructivos del diablo.

Reconozcamos al diablo y a sus mentiras

Lo lamentable es que el diablo no utiliza disfraces evidentes. No se presenta enumerando sus intenciones de destruirte

SÉPTIMO FUNDAMENTO: ILUMINEN

a ti, a tu matrimonio y a tu fe. Así que, ¿cómo sabes cuándo te enfrentas a las tinieblas?

El apóstol Pablo dice que Satanás se transforma en ángel de luz (2 Corintios 11:14). Entonces, si está disfrazado, ¿cómo se supone que podemos saber cuándo nos estamos enredando con él? Lo sabemos por el contenido de lo que sugiere. En Juan 8:44, Jesús dijo que el diablo es un mentiroso y que siempre lo ha sido. Lo que hace el diablo es mentir «porque no hay verdad en él. Cuando habla mentira, habla de lo que le es propio; porque es mentiroso y padre de la mentira».

La mentira número uno del diablo

La primera mentira que planteará el diablo es que la Palabra de Dios no es confiable. De forma sutil te preguntará respecto a tu situación: «¿Es verdad que Dios les dijo...?». Por supuesto, en el contexto de lo que estamos hablando, tendrá algo que ver con tu matrimonio. Cuestionará la validez de la Palabra de Dios respecto a tu matrimonio. Escondida en esa sugerencia también se encontrará la validez de las limitaciones que da la Palabra de Dios y, por lo tanto, las limitaciones en tu matrimonio.

Por ejemplo, puede cuestionar tu comprensión de la fidelidad en el matrimonio. Tal vez te pregunte: «¿De verdad tienes que estar solo con esta persona por el resto de tu vida?». O tal vez te pregunte: «¿Qué fue lo que Dios dijo en realidad sobre el matrimonio? ¿Será verdad que Él espera que estés comprometida en tu matrimonio? ¿Es verdad que espera que te sometas?». El enemigo te hará estas y otras preguntas que ponen en tela de juicio lo que Dios dice en la Biblia sobre el matrimonio.

La mejor preparación para estos ataques es conocer y comprender lo que Dios dice sobre el matrimonio en su Palabra. Lee de primera mano lo que dice. Sugiero que leas y medites en los siguientes versículos:

- Génesis 2:18-24
- Proverbios 18:1
- Malaquías 2:14-16
- Mateo 5:31-32

CREZCAN JUNTOS COMO PAREJA

- Mateo 19:3-9
- Efesios 5:22-23
- 1 Pedro 2:20—3:8
- Hebreos 13:4

Esta no es una lista completa de todos los pasajes que hablan sobre lo que Dios dice sobre el matrimonio, pero te darán un cuadro claro de su corazón y propósito para tu unión.

Mi amiga Donna pudo reconocer las mentiras del diablo en las palabras del hombre en la cafetería porque conoce la Palabra de Dios. Esta fue su primera línea de resistencia. Al permanecer en la Palabra de Dios, el diablo se fue. Cuando tú permaneces en la Palabra de Dios, reconocerás las sutiles sugerencias del enemigo y podrás resistir.

La segunda mentira de Satanás

La siguiente sugerencia de Satanás es doble. No solo sugiere que podemos pecar sin sufrir las consecuencias, sino que nos transmite la falsa creencia de que la Palabra de Dios no es confiable. Recuerda que Dios dijo: «El día que comas de él ciertamente morirás». Satanás le dijo a Eva: «¡No morirán!». ¡Qué mentira! Desde el momento en que comió de la fruta prohibida, la muerte comenzó a operar en ella y después lo hizo en Adán cuando comió. ¡Las consecuencias de esa muerte fueron y son múltiples!

De repente, la pareja se sintió vulnerable. Tenían miedo. Se escondieron de la presencia de Dios. Los echaron del huerto. Vivieron con su esfuerzo. Uno de sus hijos mató al hermano. Desde Adán y Eva, cada persona puede estar segura de la inevitabilidad de la muerte.

Entonces, Satanás nos susurra al corazón que podemos jugar con el pecado, con los coqueteos y con pensamientos lascivos, y que nuestro matrimonio no sufrirá por eso. ¡Ah! Es una mentira descarada.

Existen ramificaciones y resultados de largo alcance cuando desobedecemos los mandamientos de Dios. Él no nos da consejos sobre el matrimonio, nos da mandamientos que, si los seguimos, nos proporcionarán matrimonios bendecidos. No obstante, si violamos estos mandamientos, podemos estar seguros de que la muerte operará en cada aspecto de nuestra vida, incluyendo el matrimonio.

Séptimo fundamento: Iluminen

Las formas de obrar de Dios dan resultado. Pueden tomar un poco más de tiempo (sin duda, por eso su Palabra también nos dice que esperemos en el Señor). Cuando decidí seguir su Palabra en mi matrimonio, no vi resultados inmediatos. Es más, algunas veces parecía que sus caminos no resultaban en realidad. Su Palabra no transformaba a Brian a la imagen del esposo que yo quería. No... pero sí lo transformó a la imagen del esposo que *Dios* quería para mí y el que necesitaba yo.

El diablo también sugerirá que la oración no da resultado. Te dirá que la sumisión será desastrosa. Te dirá que debes ser contenciosa o, de lo contrario, nada saldrá bien (Proverbios 21:9). Cada mentira que Satanás te susurra a la mente y al corazón requerirá que camines en dirección opuesta a la Palabra y los caminos de Dios.

Como mencioné, la manera de reconocer estas sugerencias es saber cuáles son las instrucciones de Dios concernientes al matrimonio. Para esto será necesario volver atrás y revisar lo que Dios dice sobre el matrimonio en su Palabra.

A continuación, tendrás que resistir esas sugerencias decidiéndote a hacer las cosas a la manera de Dios. Este acto requerirá fe, lo que significa que tendrás que creer la Palabra de Dios no solo por encima de lo que dice Satanás, sino incluso también sobre las circunstancias. A medida que aprendes a resistir las mentiras del diablo y te dedicas a seguir las directivas de Dios, verás cómo Él comienza a honrar la obediencia a su Palabra al obrar en tu matrimonio.

El tercer engaño del diablo

Satanás le dijo a Eva que el día que comiera de la fruta prohibida sería semejante a Dios. En otras palabras, le sugería que encontraría satisfacción en el pecado. Su indicación era que a Dios no le importaba su realización personal. Más bien, solo le importaba mantenerla privada de su superioridad.

Esta mentira requiere un examen más minucioso. Esta es una de las tretas más grandes del diablo: sugerirles a las mujeres que a Dios no le interesa su realización personal. Nada podría estar más lejos de la verdad. Jesús dijo en Juan 10:10 que Él vino para traernos vida y vida en abundancia. También dijo que el ladrón solo viene para robar y destruir.

Los caminos de Dios son los caminos de la realización. Recuerda a la mujer en el pozo en Juan 4. Lo había intentado con el matrimonio y las relaciones, y había quedado insatisfecha. Había bebido del agua de este mundo y había quedado con sed. Jesús le prometió que si le pedía el agua que Él daba, no volvería a tener sed otra vez.

Muchas veces, he oído a mujeres que casi se disculpan por sus esposos al decir: «Podría haber tenido algo mejor que él». Esta idea nunca me parece buena. Siempre la refuto diciendo que sé que Brian es el regalo de Dios para mí, ¡y no puedes tener algo mejor que el regalo de Dios! Creo que cada vez que cualquiera de los dos esposos piensa que podría tener algo mejor que el cónyuge que tienen, alguien ha estado conversando con el diablo.

La satisfacción no proviene de desobedecer los mandamientos de Dios, que es lo que el enemigo pretende decirnos. La satisfacción no se encuentra en una aventura extramatrimonial ni en un nuevo compañero. La satisfacción se encuentra en llevar adelante el matrimonio a la manera de Dios.

Quiero reiterar que las sugerencias de Satanás vienen disfrazadas. Suelen adquirir la forma de sentimientos extraños, lo que equivale a decir, emociones que nunca antes hemos sentido. También vienen como pensamientos que no hemos considerado antes. Por eso es tan importante examinar cada pensamiento que nos viene a la mente antes de albergarlo o permitir que se desarrolle. El apóstol Juan afirma en su epístola: «Amados, no crean a todo espíritu, sino pongan a prueba los espíritus, para ver si son de Dios. Porque muchos falsos profetas han salido por el mundo» (1 Juan 4:1). De la misma manera, debemos probar nuestros pensamientos contra la Palabra de Dios antes de albergarlos.

Esa es nuestra primera línea de defensa: probar tales pensamientos a la luz de la Palabra de Dios. Luego, llevamos esos mismos pensamientos al Señor en oración, y así los sometemos a Él y a su Palabra (2 Corintios 10:5). Por último, tomamos la decisión consciente de no albergarlos.

He descubierto que la mejor manera de evitar pensar en algo es decidir orar por otra cosa. Cuando algún pensamiento preocupante en particular me viene a la mente, de inmediato oro por una situación específica por la que ya decidí orar. Cuando me viene un pensamiento con el potencial de dañar mi matrimonio, oro por una amiga que tiene cáncer. Si no puedo superar el enojo por algo que dice Brian, oro por una maravillosa iglesia que conozco en York, Inglaterra.

Para causar problemas

Brian mencionó antes en este capítulo que en algunas ocasiones, justo antes de tener que predicar, se había desatado una pelea entre nosotros. Es de todo punto cierto. De repente, me viene un pensamiento (¡cuidado con esas cosas!) sobre Brian, nuestro matrimonio o cierto problema entre nosotros, y siento la urgencia de resolverlo en ese preciso momento. Pobre Brian. Él está tratando de concentrarse en lo que tiene que decirle al pueblo de Dios.

Cuando aprendí a reconocer las fuentes de mis pensamientos, comencé a darme cuenta de cuáles eran auténticos y cuáles estaban inspirados por el diablo. Aprendí a no actuar según ellos hasta haberlos comparado con la Palabra y haber orado. Me gustaría poder decir que jamás he vuelto a actuar según un mal pensamiento, pero eso me haría divina, y puedo garantizar que no lo soy.

Recuerdo de manera vívida numerosas ocasiones cuando mis entusiastas preparativos para una salida con Brian se vieron arruinados por una insignificante discusión que en el momento pareció monumental. Una vez, fue una llamada telefónica que esperábamos. Llegó a eso de las cinco de la mañana. Oí que Brian decía entre dientes algo sobre encontrarse con ellos en el hospital. De inmediato, salté de la cama. «¿Viene el bebé?», prácticamente grité con alegría. Con somnolencia, Brian se dio vuelta en la cama y con palabras confusas me dijo que nos llamarían cuando naciera el bebé.

«¿Qué? ¡De ningún modo! Se trata de mi bebé que va a tener un bebé. ¡Me voy al hospital contigo o sola!»

Ahora, toda la casa estaba despierta. Medio dormidos, nuestros dos hijos menores entraron en nuestra habitación y nos preguntaron si su hermana mayor estaba de parto. Cuando les dije que así era, saltaron de alegría con mucho entusiasmo e irritaron al gigante dormido.

Brian se sentó en la cama y me preguntó qué pensaba que podía hacer en el hospital mientras Kristyn estaba de parto. «Una muchacha necesita a su madre en momentos como este», contesté. «Puedo andar de un lado a otro por los pasillos y orar».

A regañadientes, Brian me llevó al hospital a las seis de la mañana. Ambos estábamos en silencio. Lo que tendría que haber sido un viaje feliz era incómodamente silencioso. Ambos estábamos furiosos con el otro y convencidos de que teníamos la posición acertada.

Cuando llegamos al hospital, encontramos a Kristyn y a Michael caminando por los pasillos mientras les preparaban la habitación. De repente, se dio vuelta hacia mí y dijo: «No doy más».

En ese momento, supe que debía ir a su habitación de inmediato. Era la hora. En medio de todo este trajín, Brian estaba sentado en la sala de espera, quizá deseando estar en casa en la cama. Sin embargo, en cuanto lo necesitamos, estaba listo y dispuesto. A mí, las enfermeras y los médicos me intimidan con facilidad, pero no sucede lo mismo con mi esposo. Entonces, lo envié a la habitación de nuestra hija para que ayudara.

Brian regresó pocos minutos después. Estaba pálido. «Necesita a su madre».

De inmediato, me abrí paso hacia la sala de partos con Brian detrás de mí. Hice lo que hacen las madres. Me puse en acción para ayudar a mi hija. Encontré una toalla y comencé a retirar el sudor de la frente de Kristyn. Contaba sus contracciones y la mantenía concentrada en su labor. Ayudé a Michael para que cooperara con ella. Luego, le informé a la enfermera que mi hija, que es inmune al dolor, estaba a punto de dar a luz.

La enfermera le informó al médico que se mostró incrédulo. Sin embargo, ante mi insistencia, revisó a Kristyn y descubrió que se asomaba la cabecita del bebé. Salí al pasillo con Brian. Se veía avergonzado y susurró una disculpa.

Me di cuenta de que estuvimos a punto de permitir que pensamientos oscuros extinguieran el gozo de uno de los momentos más grandes y brillantes de nuestras vidas. Brian y yo nos tomamos de las manos y oramos. A los pocos minutos, oímos el saludable llanto de un recién nacido que resonaba desde la habitación de Kristyn. Entonces, ¡nos unimos a ellos con lágrimas de gozo!

SÉPTIMO FUNDAMENTO: ILUMINEN

Prepárense para proteger su gozo

Parece que el diablo siempre está listo para tratar de robarnos el gozo que Dios quiere que disfrutemos en los momentos más importantes de la vida. En la Biblia, Salomón habló de las pequeñas zorras que echan a perder las vides. Por lo general, no son las cosas grandes las que nos roban el gozo, sino las triviales. Puede ser una palabra, una mirada o una actitud que de repente transforma un momento especial, un recuerdo o una oportunidad en pérdida y en algo que tenemos que lamentar.

Si nuestro cónyuge sufre de nerviosismo y prácticas destructivas, debemos reconocerlo como guerra espiritual y orar por él. Es la única manera eficaz de lidiar con esto. Si somos nosotros los que sufrimos esos estallidos y engaños, debemos desarrollar la sensibilidad para detectar lo que parece ser inapropiado con las emociones y respuestas piadosas. Esto nos permitirá reconocer y cambiar nuestra conducta con la fortaleza y el poder de Dios.

La guerra viene en paquetes de todos los tamaños. Es importante reconocerla en cualquier tamaño que venga y resistirla entregándosela al Señor en oración y negándonos a ceder.

El diablo detesta tu matrimonio y quiere destruirlo. Dios ama tu matrimonio y quiere bendecirlo. Es así de sencillo.

CONOCER ES CRECER

1. ¿Qué mentira de Satanás te has tragado? ¿Has creído que mereces algo mejor de lo que tienes... o que no eres digno de lo que tienes? Convérsalo con tu cónyuge. ¿Cuál cara de la moneda de Satanás de insatisfacción tiendes a creer? Saber esto acerca de ti y de tu cónyuge los ayudará a guardar su corazón contra el engaño.

2. Cuando contamos sobre nuestras peleas y conflictos que surgían justo antes de que Brian tuviera que dar un estudio bíblico, ¿les surgieron algunas banderas rojas sobre sus propias circunstancias? ¿Tienden a pelear o a estallar de ira cuando uno de los dos va a hacer algo para el Señor? Piénsenlo y oren el uno por el otro para tomar conciencia y guardar a propósito sus corazones

y mentes durante esos momentos de provocación. ¿Pueden desactivar la obra del diablo durante estas situaciones? Piensen en un plan de acción para poner en práctica esta semana.

3. Algunas veces, el descontento en un matrimonio nace de las mentiras de Satanás. Otras, nace de nuestras propias debilidades o tiempos de negligencia. Dediquen tiempo para evaluar dónde es más débil su matrimonio y más propenso a gestar una sensación de insatisfacción. ¿Cómo pueden nutrir este aspecto específico con la Palabra de Dios, la oración y un esfuerzo concentrado? Es probable que tus causas de descontento no sean las mismas situaciones problemáticas para tu cónyuge. Por eso es importante que tengan esta conversación. Tal vez no te des cuenta de que tu cónyuge nunca se siente escuchado. Quizá no tengas idea de que cuando le haces una broma, sus sentimientos se ven heridos. Tómense tiempo para comprenderse el uno al otro de modo que le den cada vez menos material con qué trabajar a Satanás.

GRACIA PARA CRECER JUNTOS

Dios, tú eres nuestra fuente de vida y de luz. Por favor, arroja tu luz sobre los engaños del diablo a los que les hemos dado lugar en nuestro matrimonio. Muéstranos, para cada punto de descontento o fracaso, cómo podemos ser victoriosos en tu poder y misericordia. Ilumínanos, Señor. Ilumina esos momentos en los que discutimos y peleamos, y que pueden destruir algo bueno y santo que tú estás preparando.

¿Dónde estamos socavando tu obra? Abre nuestros ojos a nuestros puntos más débiles de modo que podamos orar de forma específica contra los planes y los ardides de Satanás. Guarda nuestros corazones, nuestras mentes, nuestros ojos, nuestros espíritus y nuestras vidas, Señor. Además, bendice este matrimonio. Que podamos servirte y servirnos el uno al otro todos los días de nuestra vida.

Octavo fundamento:
Fortalezcan

El marido debe cumplir el deber conyugal con su esposa, lo mismo que la mujer con su esposo. La esposa ya no tiene poder sobre su propio cuerpo, sino su esposo; y tampoco el esposo tiene poder sobre su propio cuerpo, sino su esposa.
1 Corintios 7:3-4

Octavo fundamento

Fortalezcan

¡Sexo, sexo, sexo! ¡El mundo se ha vuelto loco con el sexo! Desde la llamada revolución sexual de los años de 1960 y 1970, el sexo se ha ubicado en un lugar prominente en las prioridades y en la conciencia de la cultura estadounidense. En generaciones anteriores, las conversaciones sobre temas sexuales se limitaban en gran parte al dormitorio, pero hoy en día se habla del sexo en todas partes: Internet, televisión, cine, teatro, radio, puesto de periódicos, salón de clases, patio de recreo, tribunal y, con mayor frecuencia en estos días, desde el púlpito.

Como bien saben, no solo se trata de conversación en estos días. Las imágenes sexuales provocativas nos bombardean de todas partes. ¿No se asombran al ver lo lejos que pueden llegar los publicistas en sus intentos por apelar a los consumidores? Ver a una mujer con escasa ropa tratando de reparar un motor está muy lejos de ser lo peor que puedes ver. Estas publicidades también persiguen a las mujeres. ¿Cuántas veces hemos visto a un hombre sin camisa, con sudor (brillo) y seis paquetes de abdominales como el punto central en un anuncio de bebidas sin azúcar o suplementos dietéticos para mujeres? El mensaje es: «En cuanto compres este producto, alguien así se sentirá atraído hacia ti».

Somos una cultura obsesionada con el sexo, pero todavía estamos un poco restringidos en comparación con otros lugares. En diversas partes de Europa, no es nada fuera de lo común ver carteles con imágenes pornográficas fuertes en cualquier lugar de las ciudades. Y durante los meses más cálidos, las playas están llenas de nudistas que toman el sol.

El bombardeo de imágenes cargadas sexualmente y de oportunidades puede afectar para mal la manera en que pensamos sobre el acto sexual y cómo nos relacionamos entre nosotros como marido y mujer. Por eso es importante que comprendamos el propósito de Dios al crearnos con deseos sexuales y sus intenciones respecto a nuestro placer sexual dentro de la relación matrimonial.

Es probable que ya te hayas dado cuenta de que decimos «el propósito de Dios al crearnos con deseos sexuales». El deseo de placer sexual en sí mismo no es malo, ni sucio, ni pecaminoso, sino que es una parte de la manera en que Él nos hizo. El acto sexual se vuelve malo o pecaminoso solo cuando se toma fuera de los límites ordenados por Dios. La relación sexual es algo sobre lo cual Él es muy estricto. Al parecer, nuestra sexualidad es una parte tan importante de nuestra humanidad que Dios no ha dejado librada la actividad sexual a nuestras propias reglas. Eso es algo que ha reservado para sí mismo.

Este es uno de los aspectos más ofensivos de la enseñanza bíblica para la mente moderna. «¡Cómo se atreve alguien a sugerir que hay un Dios que me dirá lo que puedo hacer y lo que no puedo hacer con mi cuerpo!», exclama el modernista. Pueden protestar todo lo que quieran, pero la Palabra de Dios es firme y no se puede alterar. ¿Y sabes otra cosa? Deberíamos deleitarnos en esta verdad, porque la relación sexual es el regalo de Dios para sus criaturas. Es su regalo para quienes comparten el pacto matrimonial.

Existen muchos deleites y beneficios en la relación sexual que Dios ha ideado para nuestros matrimonios. Exploraremos cómo y por qué la intimidad sexual y emocional es esencial para cualquier matrimonio donde los esposos quieran crecer juntos de manera espiritual.

Cómo la culpa entró al dormitorio

En las primeras etapas de la historia de la iglesia, aparecieron las creencias ascetas que declaraban que toda experiencia de placer era mala en esencia debido a su conexión con el mundo material. Lo triste es que esta ideología se infiltró en el santo lecho matrimonial y se declaró que la relación sexual entre esposo y esposa tenía como único fin la reproducción. Se consideró que la relación sexual como medio de placer era mala y pecaminosa.

Esta falsa enseñanza se encuentra en total contradicción con la Escritura y, sin embargo, continúa siendo el factor principal que priva a la gente de la bendición que Dios pensó para la relación sexual. Estas ideas han permeado nuestra cultura cristiana a tal extremo que

Octavo fundamento: Fortalezcan

ni siquiera la influencia de la revolución sexual pudo borrar las inhibiciones y la culpa que muchos hombres y mujeres tienen respecto a la relación sexual con sus cónyuges por el simple placer y la diversión que implica. Esta es una gran pérdida para la relación matrimonial. Y esta pérdida ha hecho que la relación sexual se convierta en un motivo de división en los matrimonios más que en la íntima unión que planeó Dios.

Puedes ver cómo Satanás ha estado ocupado durante todos estos siglos para tratar de crear confusión sobre este tema y, luego, llevar a la gente a un extremo o al otro. Algunos dicen: «Al diablo con las reglas; ¡yo hago lo que se me antoja!». Otros viven con ataduras y miedo al juicio, se privan a sí mismos y a sus cónyuges con conductas que no agradan a Dios y se pierden el maravilloso regalo de la intimidad que nos ha dado Dios. Como siempre sucede, su Palabra trae el equilibrio perfecto. La relación sexual es el regalo que Dios le hace a una pareja casada para que la disfrute con libertad cuantas veces lo deseen sus corazones.

Considera el huerto del Edén que estaba lleno de diversos árboles abundantes y exuberantes para que Adán y Eva disfrutaran sin límite. Estaban allí para que se alimentaran y los disfrutaran. Solo había una restricción: el árbol que estaba en medio del huerto estaba fuera del alcance. No podían comerlo. Tenían todo lo que necesitaban y mucho más en los incontables árboles de los que podían comer libremente. Dios había provisto en gran abundancia para deleite de ellos. Sin embargo, todos sabemos cómo sigue la historia... todo lo que Dios les entregó parecía insuficiente. Adán y Eva no pudieron resistirse al *único* árbol prohibido.

Podemos aprender mucho de Adán y Eva respecto a la relación sexual con nuestro cónyuge. Podemos tener todos los frutos del placer sexual dentro de nuestro matrimonio, pero no podemos salirnos de sus límites ni dañar los intereses supremos de la relación conyugal. Así como la muerte entró en el Edén a raíz de haber comido de la fruta prohibida, tomar la relación sexual fuera de los límites diseñados por Dios resulta en muerte de alguna forma. Destruimos la confianza, la fe, la unidad y la pureza del placer que fueron previstos solo para el esposo y su esposa.

Los límites de la bendición

Como la relación sexual es el buen regalo de Dios para que se disfrute cuantas veces se quiera dentro de los límites de la relación matrimonial, ¿existe alguna prohibición sexual entre el esposo y la esposa? Les responderé de la manera más discreta posible. Antes, te diré que no creo que sea bueno ni necesario ni sabio entrar en detalles gráficos cuando hablamos sobre la relación sexual. Existen algunos maestros hoy en día que, en su intento por tener relevancia cultural y al parecer probar que los cristianos no son los mojigatos puritanos que se ha dicho que somos, se extralimitan al escribir y hablar sobre el tema de la relación sexual. Como diría mi hija menor: «DI»... ¡demasiada información! Creo firmemente que cada pareja puede resolver por sí misma cómo disfrutarse el uno al otro en el aspecto sexual. Al fin y al cabo, nosotros (los humanos) hemos hecho esto desde el principio.

Si nos volvemos a la Palabra de Dios, encontramos guía e inspiración. Considero que Cantares es una especie de manual sobre el amor romántico entre el esposo y la esposa. Además, la declaración en Hebreos 13:4 que dice que el lecho es sin mancilla dentro del contexto del matrimonio parece permitir la experimentación sexual entre el esposo y la esposa. En otras palabras, siéntanse en libertad para disfrutar el uno del otro por completo. Aun así, toda experimentación debería ser de mutuo acuerdo.

SOLO PARA HOMBRES:

Cómo convertirse en un amante piadoso

B Mientras que a las mujeres les gusta que la intimidad se nutra a lo largo del día con pequeñas señales de afecto y estrechas conexiones en la conversación y el compañerismo, los hombres no dependemos tanto de la acumulación de afecto. En realidad, notamos que nuestras esposas se ven bien, ¡y estamos listos para la acción! ¡Algunas veces tenemos muy pocas diferencias con las bestias! «¡Veo, me gusta, quiero y basta!». Sin embargo, afirmar esto con claridad o actuar de esta manera es el modo más

OCTAVO FUNDAMENTO: FORTALEZCAN

seguro que conozco para quitar de mi esposa la idea de tener intimidad conmigo.

Por eso es que los límites sexuales y la cortesía son indispensables. Es probable que ya lo sepas, pero exploremos por qué estas cosas son importantes.

1. *Nunca le exijas ni trates de obligar a tu esposa a que haga algo en el aspecto sexual con lo que no se sienta cómoda.* No le pidas que haga algo que la haga sentir culpable, sucia o que es un objeto más que una persona.
2. *No permitas que se infiltre nada antinatural en la esfera íntima de sus vidas.* Sé de situaciones en que los hombres han querido incluir la pornografía en el dormitorio para que «avive el fuego». Si intentara algo por el estilo, mi esposa me daría una patada donde duele y me encerraría fuera del dormitorio en forma permanente. ¡Y tendría toda la razón para hacerlo! No introduzcas en tu vida explotaciones pecaminosas. No las traigas al campo personal de tus pensamientos (ni más allá), ni las lleves a tu matrimonio.
3. *Muéstrale a tu esposa acciones consideradas y amorosas junto con expresiones tiernas de tu amor hacia ella.* He aprendido que esta es la mejor manera de asegurarme que mi esposa deseará tener intimidad conmigo. Comienza temprano por la mañana al llevarle su tipo de café favorito. Continúo mostrándole mi amor a lo largo del día mediante pequeños actos en todas partes. Al acercarnos a la noche, estamos conectados y existe un cimiento para la intimidad amorosa. Descubrirás que también puedes disfrutar de este fomento de la intimidad.
4. *Si quieres romance, sé romántico y no un animal.* Asegúrate de que antes de acercarte a tu esposa estés arreglado... duchado, afeitado, con los dientes cepillados, etc. Ahora bien, habrá momentos

en que ninguna de estas cosas importa y ambos se desearán al punto de desestimar todo un fin de semana de campamento o un largo día de trabajo en el jardín. Aun así, como regla general, no seas una bestia, sino un príncipe, y descubrirás que tu esposa estará más que dispuesta a entregarse a ti de manera más libre y abundante.

5. *Mantén tu vida sexual en privado.* Conozco hombres a quienes, por cualquier razón, les gusta describir con detalles sus proezas sexuales. Que yo sepa, no existe algo más humillante para una esposa que descubrir que su esposo habla en público sobre sus vidas privadas. Respeta a tu esposa en este aspecto. Protege su privacidad. Esto aumentará la seguridad que siente en tu amor y le dará más libertad para disfrutar de esa parte de sus vidas. También debes saber que cuando los hombres hacen mucho alarde o hablan sobre esto, a la mayoría de los demás hombres les resulta incómodo, inadecuado e insensible.

Cuando el Señor dijo: «Serán una sola carne», se refería a una unión mucho más profunda que solo la física. Aunque Dios nos ha dado la relación sexual para el disfrute físico, también tiene como propósito la conexión emocional y espiritual. En este lugar y tiempo de intimidad, se satisfacen tus necesidades emocionales de maneras que ni siquiera comprendo por completo. Sé que se trata de algo que no comparto con nadie más que con Cheryl; esto solo hace que sea muy especial y precioso.

Octavo fundamento: Fortalezcan

Solo para mujeres:

Protege tu corazón

Por naturaleza, las mujeres se sienten vulnerables. Una de las mayores necesidades de una mujer es sentirse segura y protegida. Cuanto más segura, amada y protegida se sienta una mujer, más libremente podrá expresar su amor en los límites del dormitorio.

Muchas veces, los hombres se ofenden ante el rechazo sexual de sus esposas, sin darse cuenta de que en la mayoría de los casos no tiene mucho que ver con ellos. Tiene que ver con las inseguridades de la mujer. Piensa en esas terribles cubiertas de revistas. ¿Cómo te parece que se siente una mujer que envejece con protuberancias que le quedaron de los embarazos cuando se enfrenta cada día a mujeres jóvenes, hermosas, chatas en los lugares apropiados y voluptuosas en otras partes? Nos hace sentir inseguras y hasta nos hace dudar de nuestro potencial para parecerles atractivas a nuestros esposos. Estas inseguridades van directo al dormitorio.

Una noche años atrás, Brian y yo salimos para disfrutar de nuestro aniversario de bodas. Nuestra salida comenzó en la habitación de un hotel, donde Brian se dirigió a la ducha. De camino al hotel, ambos nos sentíamos fuera de sí por el entusiasmo ante la idea de pasar algún tiempo romántico que tanto necesitábamos. Nos tomamos de las manos, nos besamos y nos dijimos algunas palabras cariñosas.

Mientras Brian se duchaba, encendí el televisor y miré lo que pasaban en ese momento. Después de todo, no quería que ninguna parte de mi vestimenta se arrugara mientras Brian se bañaba. El televisor se encendió en un programa en especial, donde la anfitriona entrevistaba a una modelo. La modelo estaba vestida de forma misteriosa con un impermeable.

Durante la entrevista, la presentadora trató de convencer a la hermosa modelo para que se quitara la chaqueta larga. «No puedo», dijo con efusividad la modelo con un acento europeo velado. «Las mujeres que están mirando me odiarían. Saben que sus esposos me preferirían a mí antes que a ellas, y eso hace que se enojen conmigo».

Cuando la presentadora le insistió una vez más, la modelo se quitó la chaqueta. Tenía puesto un biquini diminuto. Tenía todas las curvas adecuadas en todos los lugares apropiados. Hice una mueca al pensar en mi propio cuerpo posterior a los bebés.

Mientras observaba este espectáculo, me enfurecí contra la modelo, la presentadora y los hombres en general. Oí que Brian terminaba de ducharse, así que apagué en seguida el televisor. Sin embargo, mis pensamientos permanecían fijos en la absurda entrevista.

Brian canturreaba felizmente en el fondo y yo echaba humo por la exhibición de lo inapropiado. Cuanto más pensaba en lo que vi, más ilógicos se volvían mis pensamientos. Se alejaron de forma vertiginosa de todo lo que pudiera ser agradable a Dios o sensato. *Si esa modelo es lo que los hombres quieren de verdad, es justo lo que desea Brian. ¿Qué hace conmigo? ¡Sería mejor que tuviera una modelo europea hermosa y perfecta! Bueno, si la quiere, ¡que la tenga! Yo no necesito un hombre. No necesito el rechazo.*

En ese momento, Brian entró a la habitación vestido, radiante y con una fragancia cítrica y de especias. Con una amplia sonrisa, me preguntó si estaba lista para salir a cenar.

—Claro —le contesté con mucha frialdad.

Brian no captó la frialdad en mi voz y me preguntó dónde iríamos a cenar.

—¿Importa en algo lo que yo diga? Tú eres el hombre... ¡todo tiene que ver con tu deseo de dónde quieras comer! —contesté con arrogancia.

Me miró desconcertado.

—Cheryl, no estoy seguro de lo que acaba de suceder. Sé que estábamos enamorados antes de que entrara en la ducha. Mientras me duchaba, tenía la impresión de que estábamos felizmente casados y que tendríamos una maravillosa noche de celebración de nuestro matrimonio. Me afeité, me cepillé los dientes, me puse colonia, me vestí y salí para ver a mi hermosa esposa...

—¿Hermosa? —gruñí.

Mi esposo me miró y después miró el televisor. Caminó de manera resuelta hacia él y puso la mano sobre la pantalla.

—Está tibia. ¿Qué estuviste mirando?

—Estaba mirando un programa con la mujer que quisieras tener en realidad.

—¿De qué estás hablando? —me contestó.

Respondí su pregunta con un vívido relato de lo que acababa de ver junto con una confesión de todas mis suposiciones drásticas y dramáticas.

—Cheryl, ni siquiera conozco a esa modelo —comenzó Brian—, pero puedo asegurarte que no la deseo a ella. Te deseo a ti. Tú eres la mujer que Dios me dio por esposa, mi alma gemela, mi mejor amiga y la madre de mis hijos. Pienso que esa mujer y ese programa se convirtieron en una oportunidad para que el diablo nos arruinara la velada.

Sin más, sus palabras rompieron el hechizo. No podía creer lo ingenua que fui. Permití que mis inseguridades boicotearan el comienzo de nuestra noche romántica. Lo único que se necesitó fue la imagen de una mujer hermosa en biquini, y el diablo me hizo interpretar esto como una amenaza a mi valor y a la fidelidad de Brian.

¿A quién le permites que se aferre a tus pensamientos y sentido de valor? ¿Cuándo tus pensamientos descienden en picado? Estas inseguridades, como mencioné antes, se llevan al dormitorio y ponen en riesgo una relación plena y bendecida entre tú y tu esposo.

Una vez, tomé una revista y comencé a leer un artículo titulado «Lo que una esposa podría aprender de una amante». Lo escribía una mujer que mantuvo una aventura amorosa de veinte años con un hombre casado. Tenía unas cuantas opiniones para ofrecerles a las mujeres casadas sobre cómo hacer felices a sus esposos. Solo había llegado al tercer párrafo cuando sentí el suave llamado de atención del

Espíritu Santo que me recordaba: «Cuán bienaventurado es el hombre que no anda en el consejo de los impíos» (Salmo 1:1, LBLA). Esta mujer no tenía nada que decirme que yo necesitara ni quisiera oír. El único consejo y la única guía que nutren el matrimonio provienen de Dios.

La «voz» del mundo debe apagarse en el dormitorio. Al proteger este lugar íntimo del mundo externo, aprenderás a confiar solo en la dirección de Dios. Y a medida que crecen juntos, ambos se sentirán amados y aceptados.

¡Es necesario mantener estricta privacidad en el dormitorio! No permitas que ninguna imagen o historia entre en este tiempo tan íntimo entre tú y tu esposo. El dormitorio resulta bendecido cuando no se permiten imágenes externas, cuando no se hacen comparaciones. Sin embargo, esto no les resulta fácil a los hombres ni a las mujeres. Podemos crecer juntos como pareja cuando nutrimos una sensación de amor, de compromiso, de fidelidad, de afecto y de devoción.

Cuestiones de intimidad

La joven esposa se sentó frente a mí y en su mirada baja y sus mejillas rojas se notaban la vergüenza. Hablaba con suavidad y deliberadas y largas pausas entre palabra y palabra. Las manos parecían luchar una con otra mientras trataba de mantenerlas quietas en su regazo. Se balanceaba incómoda de un lado a otro.

—Bueno... resulta que... —dijo mirándose los pies y evitando el contacto visual—. Mi... mi... esposo... habló con su esposo .. Brian. Él le dijo que yo... yo... necesitaba venir a conversar con usted.

Con solo observar su postura, pude adivinar por qué se procuraba mi consejo.

—¿Tu esposo quiere que hables conmigo porque la intimidad en su matrimonio no anda bien?

Levantó de golpe la cabeza y me miró a los ojos.

—Sí —dijo casi entre sollozos.

—Le sucede a casi todas las parejas cristianas que conozco —le aseguré de inmediato—. Déjame explicarte.

Octavo fundamento: Fortalezcan

Comencé a pintar el cuadro que se repite en muchos hogares cristianos. Al comienzo, la joven esposa se siente cautivada por su esposo. No quiere soltarse de su abrazo. Entonces, al cabo de algunos años de crecer juntos como pareja, comienzan a surgir los asuntos del matrimonio. Tal vez la pareja compre una casa, se ocupe demasiado de su trabajo o incluso del llamado en sus vidas... y luego, tienen hijos. De repente, hay cuentas que pagar, una casa que limpiar y administrar, y pequeñas vidas que atender. La obligación sustituye al romance.

Al mismo tiempo, la esposa comienza a redefinirse a sí misma a través de las demandas en su vida en lugar de hacerlo mediante el hombre con el que se casó. Se convierte en gerente general de su casa, administradora de los asuntos familiares, la enfermera de guardia, el ama de llaves, la bibliotecaria, la consejera y la madre virtuosa. Mientras se redefine a sí misma, la imagen de su atractivo héroe cambia también. Ya no huele a cítricos y especias exóticas (sin duda, la colonia quedó relegada a la lista de gastos innecesarios), su aliento casi nunca es fresco ni mentolado, su físico atlético se ha ablandado en el medio y ya no corteja a su esposa, sino que más bien le hace demandas sexuales, al parecer después de los días de mayor ajetreo. Esta combinación de las exigencias de la vida y las identidades cambiantes del esposo y la esposa causan estragos en la relación sexual.

Para la mujer que está absorta en el asunto del matrimonio, la intimidad con su esposo se convierte en otra tarea de la casa, como lavar los platos o preparar la cena. El esposo interpreta esto como un rechazo y se retrae, o bien se vuelve más exigente. Cuanto más exige y demanda intimidad el esposo, menos propensa a la intimidad se siente la mujer. El aspecto romántico de su relación se pierde en un mar de malentendidos, estilos de vida ajetreados e identidades cambiantes.

Mientras explicaba este dilema común para las parejas casadas, la joven esposa me miró sorprendida.

—Acaba de contar mi historia —dijo—. Entonces, ¿qué puedo hacer?

—La respuesta es sencilla —la consoló—. En realidad, es tan sencillo que muchas veces lo pasamos por alto. La respuesta es orar.

—¿Orar?

—Sí. Ora para que Dios bendiga los aspectos íntimos de tu matrimonio. Ora para que Dios te dé deseo por tu marido. Él quiere que tu matrimonio tenga una relación sexual satisfactoria. Él creó el matrimonio y creó este aspecto íntimo para la satisfacción mutua, tanto del esposo como de la esposa.

Devolvámosle la santidad al dormitorio

Entonces, ¿cómo le devolvemos la santidad al dormitorio? Como mencioné antes, comienza con la oración. A continuación, debemos limpiar el dormitorio de cualquier otra voz o imagen de modo que los esposos se sientan seguros. Por último, debe haber preparación. Me encanta la imagen en Cantares de la sunamita que perfuma su lecho para la llegada del esposo.

A las mujeres les encanta estar preparadas. Planeen tiempos juntos. Esto no quiere decir que no pueda haber espontaneidad. Deberían existir ambas cosas. Sin embargo, algunas veces es bueno preparar la escena, como lo hace la sunamita. Dile a tu esposo que quieres pasar algún tiempo en privado con él, o pídele que te diga cuándo quiere pasar tiempo contigo. Y a los hombres les digo que presten atención a las señales, a los comentarios sutiles y a las ideas directas que les comentan sus esposas.

Planeen revivir el afecto que sienten el uno por el otro o fortalecerlo. Comiencen por escucharse mutuamente. Mujeres, díganles a sus esposos cuáles son las cosas que les muestran que él las ama. Tu esposo desea bendecirte y necesita tu consejo y ayuda para saber cómo inspirarte y atraerte. Entonces, sé sincera con él y deja que esta información personal se convierta en un secreto entre ustedes.

Maridos, díganle a sus esposas cuánto les gusta que las tomen de la mano o cuánto disfrutan de sentarse juntos en la sala tan solo para leer o conversar. Dile lo que te produce deleite de modo que crezcan juntos a lo largo de las intimidades diarias y también a lo largo de su relación sexual.

La necesidad de intimidad

Años atrás, Brian y yo estábamos dedicados por completo al matrimonio y al ministerio, como le describí a la joven anterior. También habíamos descuidado este aspecto tan importante de nuestro matrimonio. Era nuestro aniversario, pero ambos estábamos demasiado ocupados con nuestras tareas y Brian se encontraba estudiando en su oficina esa noche. Más temprano ese día, nos tratamos con poca delicadeza y aumentó la tensión. Sola en el dormitorio de la planta alta, lo comprendí de repente: nos necesitábamos el uno al otro. Sin embargo, yo quería que él tomara la iniciativa. Esperé hasta que no pude soportarlo más. Entonces, me dirigí a su oficina y le anuncié que quería que celebráramos nuestro aniversario.

Brian casi salta de la silla y me siguió escaleras arriba. El resto es privado, pero quiero decir que se rompió la tensión y se restauró la armonía matrimonial. Además, ambos aprendimos una valiosa lección ese día: el aspecto sexual de la intimidad no puede descuidarse.

Una de las razones por las que suele descuidarse la intimidad sexual es porque cualquiera de los dos solo la considera un placer y no un aspecto esencial del matrimonio. Sin embargo, es esencial tanto para el esposo como para la esposa. La esposa necesita la intimidad para reconectarse con el esposo y para estar en la misma sintonía. El esposo también necesita conectarse con su esposa. La intimidad ayuda al hombre a sentirse amado, deseado y seguro en la relación con su esposa. Una cristiana sabia que conozco me dio este consejo cuando me casé: «Un esposo se siente amado cuando se le alimenta y se le satisface en el dormitorio». Cuánta razón tenía. Y una mujer se siente amada cuando el hombre al que ama la cuida, la protege y se deleita en ella.

La naturaleza espiritual de la intimidad

Muchas parejas no tienen en cuenta que Dios creó y ordenó la relación sexual en el matrimonio. En parte, esto se produce debido a la explotación del sexo en nuestra cultura. Nos insensibilizamos a la belleza y la santidad del lecho matrimonial. El diablo ha robado la bendición de Dios de la intimidad entre la pareja casada y la ha corrompido al punto de que, a veces, su aspecto espiritual es irreconocible. Dios es el que ordenó el matrimonio. Él es quien creó la unión sexual entre el esposo y la esposa. La Biblia afirma en Hebreos 13:4: «Sea el matrimonio honroso en todos, y el lecho matrimonial sin mancilla» (LBLA).

El apóstol Pablo habla sobre este aspecto tan vital del matrimonio:

> El marido debe cumplir el deber conyugal con su esposa, lo mismo que la mujer con su esposo. La esposa ya no tiene poder sobre su propio cuerpo, sino su esposo; y tampoco el esposo tiene poder sobre su propio cuerpo, sino su esposa. No se nieguen el uno al otro, a no ser por algún tiempo de mutuo consentimiento, para dedicarse a la oración. Pero vuelvan luego a juntarse, no sea que Satanás los tiente por no poder dominarse (1 Corintios 7:3-5).

¿No es interesante? El apóstol escogido por Dios habla sobre la necesidad de la intimidad sexual en el matrimonio. Llega al punto de afirmar que nos guarda de las tentaciones del diablo.

La oración trae la bendición de Dios a este aspecto del matrimonio. Cambia los corazones y las actitudes del esposo y la esposa entre sí. Purifica el dormitorio y santifica la relación entre el esposo y la esposa. Hace que la intimidad en el matrimonio sea un acto sagrado de amor y devoción más que un deber o un medio de gratificación personal.

La intimidad sexual es algo esencial de todo matrimonio cristiano extraordinario. Dios quiere bendecir este aspecto de su vida tanto como cualquier otro. Reconocer la espiritualidad de ese momento, así como la santidad y la necesidad, le traerán satisfacción y gloria a su relación matrimonial.

CONOCER ES CRECER

1. Planeen una noche relajada que les permita a ambos la posibilidad de tener una conversación íntima y segura sobre su relación

Octavo fundamento: Fortalezcan

sexual. No se presionen conversando, ni tratando de resolver o explorar todos los aspectos de su intimidad, sino más bien inicien el diálogo para que incluya palabras amorosas y un intercambio de lo que a cada uno lo hace sentir más cómodo antes de la relación sexual y durante la misma. Conversen sobre lo que inspira afecto y conexión entre ambos. Den lugar a momentos de risa y de quietud mientras están sentados juntos. Recuerden el primer beso o la primera vez que se tomaron de las manos. La dulzura de esas sencillas expresiones de amor es un gran recordatorio del regalo deleitoso que es la intimidad física en su matrimonio.

2. ¿Cómo pueden mantener al mundo alejado de su dormitorio? Evalúen el espacio real que tienen y libérenlo del mundo. Quiten el televisor, la computadora y la biblioteca de DVD. Decidan cómo cultivar un lugar que sea privado, personal y de descanso. No lo conviertan en un lugar para hablar por teléfono, leer, enviar mensajes de texto o terminar proyectos de trabajo. Un santuario traerá descanso a sus momentos de descanso y energía a sus momentos de intimidad.

3. Conversen sobre lo que podría activar su vida amorosa. ¿Están sobrecargados? ¿Tienen excesivo trabajo? ¿Están estresados? Busquen maneras para aligerar la carga y reservar la energía para los momentos cuando estén juntos. Hagan una lista de tres cosas que les gustaría incorporar a su vida diaria o semanal a fin de poder deleitarse en hacer el amor con mayor facilidad. Salgan a dar caminatas diarias. Apaguen el televisor una hora antes de irse a la cama, siéntense y lean juntos o conversen (pero no sobre el dinero ni otros asuntos problemáticos). Comprométanse a ir al gimnasio o a comer de manera más saludable. Cuanto más saludables estén físicamente, más saludable será su disposición mental cuando sea hora de concentrarse en el ser amado.

Gracia para crecer juntos

Dios, por favor, protege nuestro lecho matrimonial de influencias externas. Danos la sensación de gozo y placer que

CREZCAN JUNTOS COMO PAREJA

pensaste para nuestra relación íntima. Libéranos de culpa, de errores pasados, de pensamientos falsos, de baja autoestima y de la visión distorsionada de la relación sexual que tiene el mundo. Libéranos de todo lo que nos distraiga, de modo que podamos aceptar las ricas recompensas de una conexión física amorosa y apasionada que nos ayude a crecer juntos como marido y mujer.

Señor, permite que siempre seamos amables y atentos el uno con el otro. Que podamos servirnos con tu amor incondicional. Todos los días tenemos la oportunidad de celebrar el amor que nos has otorgado. Permite que lo hagamos con cada parte de nuestros corazones y nuestras almas. Señor, bendice nuestra sagrada unión.

Noveno fundamento:
Soporten

El amor [..] todo lo soporta.
1 CORINTIOS 13:4, 7

Noveno fundamento

Soporten

Soportar es más que perseverar. Pienso que una de las mejores descripciones de lo que es soportar se encuentra en 1 Corintios 13:7: «[El amor] todo lo sufre, todo lo cree, todo lo espera, todo lo soporta». Soportar implica sufrir de manera continua y prolongada bajo circunstancias adversas.

El viejo adagio «el tiempo no tiene sustituto» es cierto en especial cuando hablamos del matrimonio. Hay cosas que deben tratarse con oración, con la Palabra de Dios y con simple perseverancia. He visto cómo el tiempo ha obrado maravillas en nuestro matrimonio. A su modo, convierte cada lucha en una victoria, cada dificultad en una experiencia que nos une más y cada malentendido en una comprensión más profunda. Sin embargo, todo eso requiere un tiempo y no tan solo un momento ni un día.

También requiere una intención constante y perseverancia, no un simple pensamiento, una idea pasajera, ni alguna otra decisión. El matrimonio es una entidad que crece. Nútranlo y permanezcan firmes en el cimiento de fortaleza y gracia de Dios, a fin de que puedan ver más allá de este momento a una relación amorosa, satisfactoria y duradera.

Cómo se moldea un matrimonio piadoso

Con antelación, todos tenemos una idea casi fantasiosa de lo que será el matrimonio con esa persona a la que le dijimos los votos, pero la realidad puede estar en absoluto contraste con lo que imaginamos. Sin ninguna duda, Brian y yo teníamos ideas diferentes de cómo pensábamos que debía verse nuestra relación. Jamás imaginamos que las dificultades financieras, los adolescentes, los malentendidos o las enfermedades formarían parte de nuestro «y vivieron felices para siempre». Es más, mientras recibíamos los consejos prematrimoniales, estaba segura de que casi todos eran innecesarios por completo.

A las claras, el pastor no sabía con qué pareja perfectamente piadosa y compatible estaba tratando y en qué imagen del matrimonio piadoso nos convertiríamos. ¡Estaba lista para una llamada de advertencia!

No me daba cuenta de cuánto esfuerzo, cuidado, oración, aprendizaje, crecimiento y atención invertiríamos a largo plazo antes de que pudiera vislumbrarse el cuadro completo de un matrimonio piadoso, ¡y mucho menos antes de que se hiciera realidad!

¿No es interesante cómo el tiempo añade sabor y valor a tantas cosas? Cuando era niña, solía pensar que la velocidad era una virtud. A los cinco años, podía colorear todo un libro para pintar en una hora. Recuerdo que comparaba mi multitud de dibujos coloreados por completo con los de una niña que pasó todo el tiempo pintando en detalles una escena. Comparamos nuestros dibujos. Esta niña no pintó por encima de una línea ni una sola vez. Usó muchos colores diferentes, todos combinados entre sí. Su dibujo era hermoso. El mío era una mezcla de garabatos que nunca tuvieron en cuenta los bordes ni las variedades de colores. Ella se tomó su tiempo y yo me apuré para pintar todo el libro.

El valor que el tiempo le otorga al matrimonio está en soportar. Muestra la fortaleza, la gracia y el valor del matrimonio. Es la cualidad que nos permite aferrarnos a la relación para seguir adelante y crecer juntos en medio de tiempos difíciles. De nada valdría soportar si no pasáramos victoriosos los tiempos difíciles. Sobreponerse a las circunstancias y tener victoria en las pruebas es lo que le da al matrimonio su mayor valor.

Las promesas en el altar

B Mientras estábamos frente al altar y repetimos los votos que millones y millones de parejas han dicho a lo largo de los años, no me daba cuenta de cuántas oportunidades tendría de cumplirlos. En realidad, no sé si les presté siquiera mucha atención al significado preciso de sus palabras, ya que estaba más preocupado por decirlos bien. Uno de los temores locos que tenía cuando era niño era que jamás podría casarme porque no podría recordar las palabras que se suponía que debía repetir en el altar. Así que allí estaba, concentrado de manera intensa en pronunciar bien las palabras, pero sin entender lo que significaban de verdad.

Noveno fundamento: Soporten

Pienso que es algo que sucede con regularidad, aun con quienes no tienen los mismos temores que tenía yo. ¿Recuerdas las palabras de los votos? Son las siguientes:

> Yo, _____, te tomo a ti, _____, como mi legítimo (esposa o esposo), para que los dos seamos uno solo desde este día en adelante, para bien o para mal, en riqueza o en pobreza, en prosperidad o en adversidad, para cuidarte y amarte hasta que la muerte nos separe.

Al hacer esos votos, asumíamos un compromiso para toda la vida el uno con el otro, pasara lo que pasara. No sé con precisión a quién se le ocurrieron esos votos, pero puedo decirte por experiencia que tienen una visión muy realista de la vida de casados.

En enfermedad y en salud

Cuando Cheryl y yo nos casamos, no había estado enfermo ni un solo día de mi vida (bueno, tal vez uno o dos días de vez en cuando, pero ya entiendes a lo que me refiero). En ese entonces, todavía practicaba surf tres o cuatro días a la semana y durante los tres años anteriores fui boxeador amateur. El asunto es que estaba en muy buena forma. No teníamos idea de que todo cambiaría en muy poco tiempo.

Alrededor de dos años y medio después de casarnos, comencé a sentirme agotado y fatigado en extremo. Parecía que día tras día me debilitaba cada vez más, hasta que un día llegué a casa del trabajo y me derrumbé. A partir de ese momento, no pude levantarme de la cama durante más de tres meses. Allí estaba yo, que algún día fui fuerte y estuve en perfectas condiciones, con veintiséis años y tenían que ayudarme para ir al baño, y casi no podía llevar la comida del plato a la boca. La fatiga era tan severa que pensaba que me estaba muriendo de alguna enfermedad sin diagnosticar aún. Este fue el comienzo de una vida con una enfermedad crónica, y a mi lado se encontraba mi joven esposa, embarazada y a punto de dar a luz nuestro segundo hijo.

A principio de los años de 1980, nadie sabía qué era este extraño síndrome, aunque con el tiempo afectaría a cientos de miles de personas en el mundo. En la actualidad, existe un nombre y un diagnóstico. Se llama virus de Epstein-Barr, síndrome de fatiga crónica (SFC), o como se conoce en el Reino Unido, EM (encefalitis miálgica). Esta enfermedad debilitante ha ido y venido con diversos grados de intensidad a lo largo de estos veintisiete años de nuestras vidas, hasta el día de hoy. Y a través de todo este tiempo, Cheryl me ha cuidado con fidelidad en las vicisitudes.

Este es el significado que han adquirido las palabras «en las buenas o en las malas» y «en salud o en enfermedad». No le ha resultado fácil. Hubo momentos en los que no he podido cumplir mis obligaciones básicas como esposo, padre, proveedor, etc., pero ella jamás se ha quejado ni ha expresado desilusión por el camino que han tomado nuestras vidas. En realidad, ha sucedido justo lo contrario: siempre ha estado a mi lado para alentarme a confiar en el Señor, para hacer los ajustes necesarios en nuestro modo de vida que puedan contribuir a mi recuperación general, y a recorrer la milla extra para atender mis necesidades de todas las maneras posibles a fin de ayudarme a lidiar con esta situación que fácilmente hubiera podido partir en dos nuestro matrimonio. Por la gracia de Dios, esta enfermedad ha sido mucho más leve durante los últimos años y llevamos vidas bastante normales. Sin embargo, una parte especial de nuestras vidas hoy ha estado soportando durante esos años difíciles.

Al volver la vista atrás, no sé si quisiera cambiar algo. Por supuesto, me hubiera gustado sentirme mejor. Y, por supuesto, sin el SFC las cosas hubieran sido mucho más fáciles en nuestra familia. Aun así, hay algo tan profundo que Cheryl y yo tenemos hoy debido a esos tiempos en los que sufrimos juntos que no lo cambiaría por nada.

En la segunda carta de Pablo a Timoteo hay un versículo que dice: «Si soportamos privaciones, reinaremos con él» (2:12, NTV). Esa misma verdad se aplica a la relación matrimonial. Si soportamos, si perseveramos a través de los tiempos difíciles y desafiantes, reinaremos. En otras palabras, todos los tiempos difíciles ponen el cimiento para un futuro fructífero, gozoso, significativo y hasta dichoso. Es aquí donde hemos llegado después de treinta años de matrimonio.

Estamos experimentando nuestros mejores años juntos y disfrutamos el uno del otro más de lo que jamás imaginamos.

Noveno fundamento: Soporten

Hasta que la muerte nos separe

Cheryl se refirió al versículo que nos dice que el amor «todo lo soporta». El versículo que me viene a la mente respecto a soportar es: «Corramos con perseverancia la carrera que tenemos por delante» (Hebreos 12:1, NVI). Perseverar significa poder acabar la carrera, seguir avanzando a pesar de la oposición o de la aparente lentitud del paso.

En todo matrimonio existen tiempos difíciles donde parece que no se llega a ninguna parte, donde parece que las cosas jamás cambiarán, nunca mejorarán, y es entonces cuando necesitamos soportar. Algunas veces, cuando se ha dicho todo lo demás en la consejería matrimonial, la última palabra solo es «Soporten».

A la mayoría de las personas no les gusta oír eso. Quieren que todo cambie de inmediato, pero no sucede así. En la vida, las cosas importantes llevan tiempo. Oímos hablar de ciertas cosas que son mejores por el tiempo que tienen. El vino y el queso son mucho mejores si pasan por un proceso de añejamiento, de paso del tiempo. Nos referimos a algunas personas que son sabias o entendidas como «maduras», con la idea de que han vivido bastante; saben lo que saben porque han sobrevivido a las vicisitudes. Han soportado, y han salido de las dificultades como mejores personas.

Según Pablo en Romanos 5:3-4 (DHH), la «firmeza para soportar» forja el carácter y esa es exactamente la razón por la que Dios permite que atravesemos tiempos desafiantes. Él procura desarrollar nuestro carácter y eso mismo procura en las parejas casadas.

¿Alguna vez has sido testigo de la maravilla que es una pareja amorosa y piadosa, cuyo carácter se ha forjado en las pruebas de la vida y en la gracia de Dios? Se ven sólidos, amables, generosos y conectados. Suelen ser la pareja que otros buscan para pedir consejo y encontrar solaz y sabiduría.

Esta es la clase de pareja que Dios quiere que sean tú y tu esposo. No es gente hueca, superficial, ni que finge ser lo que no es, sino profunda, genuina y real que Dios puede poner como ejemplo de lo que espera del matrimonio. De nuevo, soportar significa permanecer todo el camino hasta el final, llegar a la meta... y, en este caso, la meta es «hasta que la muerte nos separe».

Los obstáculos de la mujer para soportar

C ¿Cuáles son las cosas que atacan al matrimonio y amenazan la calidad para soportar? Existen las dificultades financieras, las luchas internas con los hijos, las influencias externas, los problemas emocionales, la enfermedad y los malentendidos. Estas cosas pueden fortalecer el matrimonio o ser la causa de su disolución. El factor que suele darles poder a estos problemas es la necesidad de seguridad que tiene la mujer. Las mujeres anhelan seguridad emocional, relacional, física y financiera. Cuando la mujer se siente amenazada, siempre comenzará a mirar fuera de su matrimonio en busca de esa seguridad que anhela.

Parece haber un aumento en el número de mujeres que se da por vencida demasiado rápido y con demasiada facilidad en el matrimonio. Jamás olvidaré la conversación con una joven que se dio por vencida al cabo de tan solo unos años. Ella y su esposo tenían luchas financieras y buscó una manera rápida de solucionar sus penurias económicas. La solución la encontró en otro hombre que era rico. De inmediato, procuró el divorcio y volvió a casarse en seguida.

Alrededor de un año después de su nuevo matrimonio, me llamó. Estaba angustiada. Su primer esposo se recuperó financieramente y había comenzado una nueva relación. Mi amiga pasó una hora entera explicándome cómo hubiera podido salvar ese matrimonio con un poquito de esfuerzo. Estaba enfadada de que su exmarido siguiera adelante. Aunque valoraba la seguridad financiera de esta nueva relación, todavía tenía sentimientos hacia su primer esposo. ¡Qué lío!

Esta mujer renunció a un gran matrimonio y se alejó de un hombre maravilloso debido a que la abrumaba su necesidad de seguridad financiera. Más tarde, se arrepintió de esa fatídica acción.

Inseguridades emocionales

Cuando una mujer se siente insegura en lo emocional, algunas veces buscará esa seguridad en otra relación. Se apegará mucho a sus amigas o incluso buscará un nuevo interés amoroso. A través del uso de la Internet, muchas mujeres, inseguras debido a su edad y su belleza que se marchita, han buscado nuevas relaciones. En este último tiempo, he hablado con muchas mujeres que se han enredado en algunas comunicaciones muy peligrosas a través de la computadora de su hogar. Casi todas las excusas que se ofrecen comienzan con esto: «Bueno, ya no me sentía tan deseable...» o «Todavía quería ver si podía atraer a alguien». Este es un territorio peligroso para cualquier mujer, y mucho más para una casada. Algunas de estas mujeres tienen más de veinte años de casadas y tienen hijos adultos. Sus inseguridades emocionales son tan fuertes que pierden de vista el valor de la relación que ya sostienen con el hombre que ha regresado con fidelidad a casa todas las noches durante más de dos décadas.

Deseo de protección

Las mujeres desean sentirse apreciadas, amadas y cuidadas. ¿Acaso no deseamos todos sentirnos físicamente protegidos? Cuando nuestro esposo nos pasa el brazo sobre los hombros, sentimos el bienestar de su presencia, pero también una sensación de seguridad física. Sin embargo, ese gesto, junto con el sentimiento y la seguridad que le acompañan, pueden desaparecer de nuestra rutina después de unos años de matrimonio.

Cuando a una mujer le parece que su esposo ha perdido esa naturaleza protectora y cuidadora, en muchos casos buscará la atención de otro hombre. Si un caballero le abre la puerta, se ofrece a arreglarle el auto o a proveerle algo, llega ese momento en que puede recurrir a pensamientos peligrosos: «¡Mi esposo ya no me ama ni me protege! No vela por mí. No se preocupa por mí como lo hace este hombre».

Hay muchas parejas que ni siquiera se toman de la mano después de cierto punto en el matrimonio. Para la mujer, tomarse de la mano no es un simple gesto de afecto. A decir verdad, le adjudica una sensación de seguridad física a estas simples acciones. Y tales acciones son hábitos sencillos para restaurar un matrimonio.

Malentendidos y fantasías

Los malentendidos pueden hacer que una mujer se sienta muy insegura. Como mujeres, tendemos a sacar deprisa toda clase de conclusiones irracionales cuando no nos entienden bien. Tengo el mal hábito de llevar cualquier problema que Brian y yo enfrentemos a otro nivel.

Él habla de una cosa, pero yo supongo que lo que dice en realidad es que no le gusta algo de mí. La manera en que trabaja mi mente suele ser muy complicada y confusa. Conclusión, esta manera de distorsionar las conversaciones y la información es la forma en que opera el engaño, no la verdad.

El hombre puede seguir adelante después de un malentendido sin consecuencias, convencido de que se solucionará solo con el tiempo. ¡Para la mujer no es así! Tomamos palabra por palabra y frase por frase, y queremos saber lo que quisieron decir con cada afirmación que hicieron. Un malentendido es razón para buscar la seguridad de que se nos entienda bien. Tememos que si no nos comprenden, nos pasarán por alto o, lo que es peor, nos rechazarán.

Las inseguridades de las mujeres son un blanco muy grande para el enemigo. Recuerda el huerto del Edén; en Génesis 3, encontrarás a Satanás jugando con las inseguridades de Eva. Sus sugerencias sutiles la hicieron sentir insegura respecto a su satisfacción, inteligencia y conocimiento. ¿Algo ha cambiado de verdad desde entonces?

Aunque sean conscientes de esto, cuando la rutina diaria parece demasiado «normal» como para volver a soportarla, las mujeres quieren probar las aguas con extraños. Los hombres son propensos a los mismos deseos. El factor de lo desconocido es muy tentador. Sin embargo, existen demasiados riesgos para el corazón y la vida cuando una persona busca una conexión con alguien desconocido. Muchas esposas destruyen su integridad y las conexiones de su corazón con sus cónyuges porque piensan que un poquito de coqueteo anónimo o algunos intercambios traviesos a través del correo electrónico o de los mensajes de texto son «seguros». No caigas presa de esta manera de pensar.

El acto de soportar requiere reconocer la inseguridad como tal y, luego, someter esa misma inseguridad a Dios. ¡Él puede hacer cosas asombrosas con déficits, dificultades y deudas! Además, lo irónico es que la seguridad que tanto anhelan las mujeres viene de soportar.

Los obstáculos del hombre para soportar

B Las amenazas para soportar son diferentes para los hombres que para las mujeres. Si tuviera que señalar una cosa que les impide a los hombres llegar a la meta en sus matrimonios, sería la inmadurez, tanto práctica como espiritual.

La *inmadurez práctica* se manifiesta en la poca voluntad para crecer y enfrentar el hecho de que la vida de casado no es todo juego y diversión. Algunos hombres se niegan a crecer y parecen querer eternizarse en la adolescencia para siempre. Quieren que sus esposas sean novias eternas, en lugar de ser la esposa y compañera que también madura. Quieren a alguien que satisfaga sus necesidades, pero que no requiera nada a cambio. Alguien que esté para cocinar, limpiar, tener relaciones sexuales y cuidar de los hijos, pero no alguien que diga: «Necesito tu ayuda, tu atención, tu tiempo, tu compañerismo».

Algunos hombres, aunque tal vez sean maduros en el sentido práctico, sufren de *inmadurez espiritual* y no tienen un compromiso profundo con Cristo. Nunca han pensado en negarse a sí mismos, en tomar su cruz y seguir a Jesús. Nunca han tomado en serio el mandato a los esposos de que amen a sus esposas como Cristo amó a la iglesia. Su vida espiritual tiene más que ver con la prosperidad financiera y material que con vivir para la gloria de Dios cueste lo que cueste.

Hombres, a menos que tomemos una decisión consciente de crecer y de convertirnos en hombres de Dios, nunca soportaremos. No obstante, la realidad es que no tenemos esa posibilidad ahora. Asumimos un compromiso y Dios espera que seamos fieles a ese compromiso. La buena noticia es que Él nos dará todo lo que necesitemos para asegurarnos que soportaremos hasta el fin.

La perspectiva viene al soportar

Al poeta Robert Browning se le cita muchas veces por estos famosos versos: «¡Envejece conmigo! Lo mejor no ha llegado aún, el principio del fin, por el cual se hizo la vida: Nuestro tiempo está en las manos de Dios». Cuando era una joven esposa, no comprendía la gloria de tales palabras. Ahora, al atravesar la edad madura, comprendo la profundidad y el deleite de este poema. Los mejores momentos del matrimonio no fueron los del principio. Esos años fueron las semillas plantadas para la rica cosecha que disfrutamos ahora. Tú también puedes descubrir esta gran bendición de sabiduría y preparación para lo mejor a medida que crecen juntos como esposo y esposa.

Brian y yo éramos muy jóvenes cuando nos casamos. Como él testificó antes, le preocupaba más decir bien los votos en la boda que el compromiso que asumía. Asimismo, yo estaba tan extasiada por la boda que casi no tomaba nota de lo que prometía hacer por el resto de mi vida terrenal. Esos jóvenes tontos se vieron obligados a crecer juntos a través de luchas financieras, de trastornos emocionales y de circunstancias difíciles, y convertirse en los adultos que somos hoy. Sin embargo, ¡no acabamos de crecer! Ambos exploramos siempre nuevos desafíos y aprendemos nuevas y más profundas lecciones en la Palabra de Dios.

Hace poco, hablamos con una pareja casi sin esperanza respecto a su matrimonio. Pendían de un hilo. Mientras escuchábamos las luchas que nos contaban, Brian y yo no podíamos contener la risa. La pareja nos miró sorprendida, tal vez un poco ofendida.

«¿No ven el maravilloso elemento cómico de su relación?», les pregunté. Abrieron los ojos como platos. «No se tomen tan en serio», continué. «Estos son los lugares en los que están creciendo. En el futuro, estas mismas cosas son las que recordarán y los harán reír».

Pronto, esta joven pareja reía con nosotros ante algunas de sus aventuras. La risa y el humor componen una de las mayores recompensas de soportar.

El gozo de la travesía

B   Como les dijimos ambos, cuando nos casamos, éramos jóvenes, inmaduros e ingenuos, pero Dios ha sido fiel y nos ha sostenido a través de las vicisitudes. Y aquí estamos, cosechando las bendiciones de haber sembrado para el Espíritu durante todos estos años.

No digo que siempre hayamos hecho todo bien ni que no hayamos pecado ni hecho muchas tonterías a lo largo de los años. Lo que digo es que en el «panorama general», hemos seguido poniendo primero a Jesús en nuestras vidas, confiando en Él y obedeciéndole, y Él nos ha bendecido.

Si elijo una palabra para describir nuestras vidas hoy sería *gozosa*. Hay gozo en caminar, conversar y reír juntos. Hay gozo en pasar tiempo con nuestros hijos y nuestros nietos. Hay gozo en las amistades que hemos tenido durante años. Hay gozo en envejecer juntos y enamorarnos más con el paso de los años. Hay gozo en servir juntos a Jesús de

NOVENO FUNDAMENTO: SOPORTEN

maneras nuevas y apasionantes. Hay gozo en observarnos el uno al otro mientras nos transformamos cada vez más a la imagen de Jesucristo nuestro Señor. El acto de soportar tiene su día de paga. La Escritura dice de Jesús que por el gozo puesto delante de Él, soportó la cruz.

Mientras soportas, perseveras, mientras sigues adelante y eres fiel... mientras tienes paciencia y confías en el Señor... recuerda esto: Los que siembran con lágrimas cosecharán entre gritos de alegría.

Las recompensas de soportar

El elemento transformador en el matrimonio es soportar. Puedes casarte cuando todavía te sientes niño, pero el tiempo, las pruebas y las dificultades mezcladas con la gracia nos convierten en adultos. En cualquier momento, puedes mirar a tu cónyuge y decirle: «Eres ahora lo que siempre serás». Los cónyuges, al igual que los matrimonios, siempre están creciendo en gracia y madurez. Esta es una de las maravillosas recompensas de la unión matrimonial.

Sin embargo, la seguridad, la risa y la transformación no son las únicas recompensas de soportar. También lo son el respeto y la valoración mutua. Después de treinta años de matrimonio, todavía seguimos descubriendo la riqueza del carácter del otro. Y, por supuesto, el matrimonio, la fe y la perseverancia van transformando el carácter piadoso de cada uno día tras día. ¡Qué regalo es observar cómo la persona que amas se convierte cada vez más en la persona que Dios quería que fuera cuando le creó!

Un matrimonio fuerte y firme para soportar es un gran legado para nuestros hijos. Cuando ven la calidad de la perseverancia en la relación de sus padres, comprenden que ellos también pueden soportar a través de las pruebas y las dificultades de la vida. De inmediato perciben cómo la bondad, la compasión y la gracia son respuestas saludables que les permiten a los esposos, a las esposas y a las familias superar los malentendidos, los desacuerdos y las fallas de carácter.

Nosotros hemos soportado con solo aferrarnos a nuestro matrimonio y buscando al Señor para pedirle que venga y obre en cada prueba y en cada oportunidad. Esto, amigos, es lo que ustedes también pueden hacer. Tómense de las manos, elévense el uno al otro en oración y aférrense a su matrimonio con cada parte de su ser.

CONOCER ES CRECER

1. ¿Cuáles fueron las ideas equivocadas que cada uno tenía cuando se casaron? Conversen sobre si les parecía que sabían todo o no sabían nada acerca del matrimonio.

2. Al mirar hacia atrás al asesoramiento y al consejo que recibieron antes del matrimonio con la sabiduría a posteriori que tienen ahora, ¿qué les gustaría haber sabido? ¿Qué tienen que contarle a una pareja de recién casados sobre la importancia y la bendición de los votos matrimoniales?

3. ¿Qué pruebas se les han presentado en el camino durante su matrimonio que han fortalecido, renovado y mejorado su relación? Exploren cómo Dios ha provisto lo que necesitaban en los momentos precisos. ¿De qué manera la palabra *soportar* ha adquirido el significado de bendición en lugar de sufrimiento?

4. ¿Cuáles son obstáculos para soportar, tanto de manera individual como en conjunto? Oren el uno por el otro sobre estos aspectos específicos de necesidad. Además, entréguenle su matrimonio a Dios todos los días, de modo que cada prueba y cada triunfo se conviertan en un escalón a lo largo de su camino de amor que todo lo soporta.

5. Enumeren sus esferas de gozo y ríanse de sus procesos de aprendizaje a través de los años. Luego, mírense y exprésense el uno al otro la sincera gratitud por la disposición a soportar, perseverar y seguir adelante hacia los deleites del matrimonio. Enumeren maneras específicas en que el otro los deleita y ha honrado sus votos de maneras especiales a través de los años.

Noveno fundamento: Soporten

Gracia para crecer juntos

Amado Señor, eres muy bueno con nosotros. ¿Cuántas veces nos hemos encontrado con obstáculos o creado barreras contra un matrimonio de acuerdo a tu voluntad y tú nos has provisto una manera de continuar? Prepara nuestras mentes para estar en línea con tu voluntad y tus caminos. Prepara nuestros corazones de modo que los protejamos de influencias externas o de tentaciones, Señor. Danos mentes y sueños semejantes para que nos dirijamos juntos hacia nuestro futuro.

Dios, por favor, bendice nuestra unión y recuérdanos las muchas alegrías y los muchos logros que hemos saboreado en el camino. Te alabamos por la creación del matrimonio. Estamos profundamente agradecidos por los votos que tomamos delante de ti y por ti para comenzar nuestra travesía juntos como esposo y esposa.

Fundamento para el
examen personal

*Cada uno ponga a prueba su propia obra,
y entonces tendrá motivo de jactarse,
pero sólo respecto de sí mismo y no por otro.*
GÁLATAS 6:4

Fundamento para el

examen personal

Comenzó como tantas otras de sus peleas. Se encontraban solos en el auto. Se suponía que debía ser una cita, una tregua de las responsabilidades de manejar una familia en crecimiento. De camino a su cena romántica, el esposo sugirió casi de paso algunas mejoras que la esposa podía hacer en la crianza de los hijos. «Pienso que tienes que ser un poquito más flexible con Seth», comenzó. Nunca pudo terminar su idea.

De repente, como una erupción volcánica, estallaron las emociones que la esposa había acumulado durante años. Comenzaron a fluir sus muchos resentimientos: Se sentía como si criara sola los hijos. El esposo siempre estaba ocupado con trabajo o con clientes. Muchas veces no llegaba a cenar con la familia y casi nunca tenía tiempo para llevar a los niños a la cama. Ella era la que los ayudaba con sus deberes, sus trabajos asignados, la que implementaba la buena conducta, la que resolvía las disputas y escuchaba sus aflicciones. Sabía todo lo que sucedía en la vida de sus hijos y, ahora, ¡el señor Siempre Calmado quería darle consejos sobre cómo tratar a los hijos! Bueno, ella también tenía un par de sugerencias que hacerle.

¿Pueden imaginar la escena? ¿Han vivido algo similar? Es probable que se puedan imaginar lo que sucedió a continuación...

Nunca llegaron a cenar. El enojo en el auto estaba tan acalorado que en la primera luz roja en que se detuvo el auto, ella abrió la puerta y se fue caminando a casa. Él condujo sin rumbo durante horas, hasta que al final se compró desde su auto una hamburguesa en un negocio abierto las veinticuatro horas antes de regresar tarde a su casa. Ella ya estaba en la cama y fingía estar dormida. Ninguno de los dos estaba listo para recibir una disculpa ni para recibirla.

El estancamiento continuó durante días hasta que se produjo una tregua. Revivió la buena educación, pero el profundo resentimiento acechaba muy cerca de la superficie en ambos cónyuges.

Esta historia representa muy bien los muchos desacuerdos matrimoniales de los que oímos. Parece que todos comienzan con «sugerencias útiles», de modo que «mejore» el otro cónyuge. Las mejoras pueden ser de cualquier tipo: espirituales, emocionales o físicas.

Tal vez la esposa le sugiera al esposo que quite las grasas de su dieta. Esta sugerencia puede encontrarse con la contrapartida del esposo que le dice a la mujer que no sea tan fastidiosa. Pueden imaginar la sugerencia que sigue. O es probable que hayan experimentado exactamente esta conversación de primera mano.

Las «sugerencias útiles», por darles un nombre, son una vieja discusión que comenzó casi al comienzo de la creación. Poco después que la primera pareja casada desobedeció a Dios en cuanto a probar del fruto prohibido, comenzó el juego de los reproches o de las «sugerencias útiles con motivos ocultos». Si quieren, llámenlo parte de la maldición.

Cuando Dios le preguntó a Adán si comió del árbol prohibido, él contestó: «La mujer que me diste por compañera fue quien me dio del árbol, y yo comí» (Génesis 3:12). En otras palabras: «Fuiste tú el que me dio esta mujer, y si ella hubiera actuado como debía, yo no hubiera actuado como lo hice. Es su culpa».

Esto sucede en las peleas. El esposo se niega a amar a la esposa hasta que ella se sujete. Con este mismo espíritu desagradable, la esposa se niega a sujetarse a su esposo hasta que él comience a amarla como Cristo amó a la iglesia. Es probable que esta clase de discusión sea constante, porque cada cónyuge se niega a cambiar hasta que el otro no actúe primero. Y la raíz de la pelea proviene de heridas dentro de cada uno. Ninguno de los dos se siente amado ni apoyado.

En Gálatas 6:4-5, el apóstol Pablo dijo:

> Cada uno ponga a prueba su propia obra, y entonces tendrá motivo de jactarse, pero sólo respecto de sí mismo y no por otro; porque cada uno llevará su propia carga.

Cuando nos concentramos solo en lo que le falta a la relación, perdemos de vista lo que *nosotros* deberíamos hacer. Cuando nos

Fundamento para el examen personal

concentramos solo en lo que le falta a la relación, perdemos la oportunidad de examinar cómo pueden ayudar nuestras acciones y conductas a reparar o mejorar la situación. No solo se marchita nuestro matrimonio, sino que también nuestro andar con el Señor se ve afectado. Dejamos de tener crecimiento espiritual porque esperamos que nuestro cónyuge mejore espiritualmente de manera drástica antes de obedecer las directivas de Dios para nosotros.

El Señor le ha dado directivas a cada hombre que debe obedecer sin importar cuáles sean las actitudes o las acciones de la esposa. El esposo responde a Dios. Asimismo, la esposa ha recibido directivas bíblicas que debe seguir «como al Señor», no a su esposo.

«Mejoras útiles»

Seamos sinceras, a las mujeres nos encanta arreglar lo que no está bien. Cuando vemos una casa que necesita algún cuidado amoroso, sabemos que necesita nuestro toque y estamos listas y ansiosas por ofrecerlo. El aspecto de cuidadora de una mujer florece y se siente realizada al añadir su belleza, creatividad y talento a la casa deslucida para convertirla en algo hermoso en el proceso.

De manera similar, a la mujer suele gustarle ver al hombre con el que se casó como un proyecto al que puede mejorar. Le gusta arreglarle el cabello, elegirle la ropa, mejorar su salud, darle brillo a su perspectiva de la vida y hasta ayudarlo a cambiar su ocupación o a crecer en la que tiene. Al hacerlo, siente que ayuda de verdad a su esposo para que se convierta en lo mejor de sí mismo. Todo este proceso también se convierte en su manera, de forma directa o indirecta, de demostrar su talento para mejorar cualquier proyecto que se le dé.

Por lo general, al hombre no le gustan estos cambios. En lugar de sentirse mejorado, se siente menospreciado, tratado con falta de respeto y sin aceptación... es decir, que su esposa trata de controlarlo. Se resiste a cada esfuerzo que hace la esposa por mejorarlo. A su tiempo, esto suele hacer que la esposa se resienta y se enoje. Solo trataba de ayudar, ¿está claro?

Sin embargo, ¿qué me dices de los hombres? Los hombres tienen esta maravillosa manera de querer dominar. Siempre están conformando las cosas a su propia imagen. Casi nunca reconocen los temores ni las reservas de sus esposas; en su lugar, el esposo le dirá a su mujer que sea valiente o que lo haga ella misma. Suelen lanzar delante de la esposa frases como: «Deja de actuar de esa manera»; «¿Por qué haces siempre lo mismo?»; y «¡No vuelvas a hacer eso!». Un hombre piensa que le gustaría que su esposa sienta y actúe como él, ¿pero de verdad quisieras estar casado contigo mismo?

Cuando Dios creó al hombre y a la mujer, los creó para que se complementaran entre sí. Al contemplar la creación de la mujer, dijo: «Haré una ayuda ideal para él» (NTV). El gran propósito de la «mujer» era completar al hombre. Sin ella, el hombre estaba incompleto, le faltaba algo. Dios creó a la mujer con capacidades y dones que no tiene el hombre. No solo la crearon para complementarlo, sino que la crearon para que fuera su compañera.

El hombre ya se había creado con cualidades que complementarían a la nueva creación de Dios, la mujer. Juntos, el hombre y la mujer serían una totalidad... los dos se convertirían en una sola carne. La palabra «una» que se usa en Génesis 2:24 es el término hebreo *echad*. Este término tiene la connotación de diversidad en la unidad. Suele referirse a él como una «unidad compuesta».

El hombre no se creó para dominar a la mujer, ni la mujer se creó para controlar al hombre. Dios los creó a cada uno para que se complementaran y para que formaran un ser completo entre los dos. Ambos traen algo exclusivo al matrimonio que no tiene el otro. Por eso, las insinuaciones útiles no dan resultado en realidad.

Preguntas que las mujeres no deben hacer ni los hombres responder...

A propósito, algunas veces provocamos las sugerencias útiles que no queremos oír. La esposa puede hacerle a su esposo una pregunta con la que espera recibir afirmación; en cambio, nunca queda verdaderamente satisfecha con la respuesta. Algunas de estas preguntas incluyen las siguientes:

1. ¿Te parece que he aumentado de peso?
2. ¿Crees que he envejecido?
3. ¿Alguna vez piensas en tus antiguas novias?

4. ¿Cómo puedo ser una mejor esposa?
5. ¿Crees que ella es bonita?

Hombres, estas son preguntas con trampa, ¡no las contesten! Solo sonrían con amabilidad y díganle lo mucho que la aman.

Los hombres hacen afirmaciones en lugar de preguntas:

1. No me veo tan viejo como la mayoría de los hombres de mi edad.
2. Puedo comer casi todo lo que quiero y no aumento de peso.
3. Todavía estoy en buena forma.
4. Sigo siendo un tipo agradable.
5. No necesito leer las instrucciones ni seguir las explicaciones.

Mujeres, ¡recuerden que deben dejar pasar estas declaraciones! Solo se necesita una sonrisa amable.

Autoexamen

¿Cómo detenemos el ciclo interminable de insinuaciones útiles? Al aplicarnos nuestros propios papeles dados por Dios. Debemos buscar en la Escritura lo que Dios les dice de forma específica a los hombres sobre cómo deben comportarse. Fíjate que Dios no les dice a las mujeres cómo quiere que se comporten los hombres. Les habla directamente a ellos.

También les habla de forma directa a las mujeres respecto a su conducta en el matrimonio. No les dice a los hombres que les hagan cumplir ciertas conductas a sus esposas. En una reciente entrevista reciente de consejería, el hombre dio a entender que necesitaba recordarle a su esposa las instrucciones de Dios, porque de lo contrario no las recordaba. Le dije que la oración sería mucho más eficaz... ¡y mucho más segura también!

A medida que el esposo se concentra en obedecer a Dios en su papel, en lugar de ocuparse en la obediencia de la esposa a Dios, crecerá espiritualmente. A medida que el esposo crece espiritualmente, se convertirá en una influencia mayor y mejor en su matrimonio. Dios bendecirá al hombre que lo obedezca. Jesús prometió en Juan 14:23: «El que me ama, obedecerá mi palabra; y mi Padre lo amará, y vendremos a él, y con él nos quedaremos a vivir».

¡Imagina la gloria de esa promesa! Cuando un hombre ama a Jesús, obedece su palabra. Cuando obedece la palabra de Jesús, Dios el Padre se queda a vivir en el corazón y en la vida de ese hombre.

Lo mismo sucede con la mujer que decide obedecer la palabra de Jesús. Cuando una mujer se decide a obedecer las directivas de las Escrituras por amor a Jesús, el Padre y el Hijo se quedan a vivir en ella. Esta es una promesa de bendición.

Entonces, en lugar de concentrarte en lo que tu cónyuge hace o no hace, es importante comprender que tenemos la responsabilidad delante de Dios por lo que hacemos o no hacemos en forma individual.

SOLO PARA HOMBRES:

El examen personal a través de la lente de la Escritura

BNo hay mejor manera de revisar, evaluar y cambiar tu vida que examinarla a través de la lente de la Palabra de Dios. En oración, considera los siguientes versículos:

Esposos, amen a sus esposas, así como Cristo amó a la iglesia, y se entregó a sí mismo por ella, para santificarla. Él la purificó en el lavamiento del agua por la palabra, a fin de presentársela a sí mismo como una iglesia gloriosa, santa e intachable, sin mancha ni arruga ni nada semejante.

Así también los esposos deben amar a sus esposas como a su propio cuerpo. El que ama a su esposa, se ama a sí mismo. Nadie ha odiado jamás a su propio cuerpo, sino que lo sustenta y lo cuida, como lo hace Cristo con la iglesia, porque somos miembros de su cuerpo, de su carne y de sus huesos. Por eso el hombre dejará a su padre y a su madre, y se unirá a su mujer, y los dos serán un solo ser.

> *Grande es este misterio; pero yo digo esto respecto de Cristo y de la iglesia. Por lo demás, cada uno de ustedes ame también a su esposa como a sí mismo; y ustedes, las esposas, honren a sus esposos.*
> EFESIOS 5:25-33

> *Esposos, amen a sus esposas y no las traten con aspereza.*
> COLOSENSES 3:19, DHH

> *De la misma manera, ustedes, los esposos, sean comprensivos con ellas en su vida matrimonial. Hónrenlas, pues como mujeres son más delicadas, y además, son coherederas con ustedes del don de la vida. Así las oraciones de ustedes no encontrarán ningún estorbo.*
>
> *En fin, únanse todos en un mismo sentir; sean compasivos, misericordiosos y amigables; ámense fraternalmente y no devuelvan mal por mal, ni maldición por maldición. Al contrario, bendigan, pues ustedes fueron llamados para recibir bendición.*
> 1 PEDRO 3:7-9

SOLO PARA MUJERES:

El examen personal a través de la lente de la Escritura

Ahora bien, aquí tenemos algunos versículos en los que las mujeres deben concentrarse. Recuerda que haces estas cosas por Jesús. Ora frente a cada pasaje y pídele a Dios que te ayude a obedecerlo en las directivas que tiene para ti.

> *Esposas, sométanse a sus propios esposos como al Señor. Porque el esposo es cabeza de su esposa, así como Cristo es cabeza y salvador de la iglesia, la cual es su cuerpo.*

> *Así como la iglesia se somete a Cristo, también las esposas deben someterse a sus esposos en todo.*
> EFESIOS 5:22-24, NVI

> *Esposas, sométanse a sus esposos,*
> *como conviene en el Señor.*
> COLOSENSES 3:18, NVI

> *Así mismo, esposas, sométanse a sus esposos, de modo que si algunos de ellos no creen en la palabra, puedan ser ganados más por el comportamiento de ustedes que por sus palabras, al observar su conducta íntegra y respetuosa. Que la belleza de ustedes no sea la externa, que consiste en adornos tales como peinados ostentosos, joyas de oro y vestidos lujosos. Que su belleza sea más bien la incorruptible, la que procede de lo íntimo del corazón y consiste en un espíritu suave y apacible. Ésta sí que tiene mucho valor delante de Dios. Así se adornaban en tiempos antiguos las santas mujeres que esperaban en Dios, cada una sumisa a su esposo. Tal es el caso de Sara, que obedecía a Abraham y lo llamaba su señor. Ustedes son hijas de ella si hacen el bien y viven sin ningún temor.*
> 1 PEDRO 3:1-6, NVI

Preparemos el camino para la obediencia

¿Qué nos impide la simple obediencia de las directivas que Dios tiene para nosotros en el matrimonio? Muchos sabemos lo que debemos hacer, pero cuando nos enfrentamos a la oportunidad de seguir la dirección y los mandamientos del Señor, retrocedemos y tomamos decisiones menos deseables, vamos detrás de un engaño o nos permitimos una conducta pecaminosa. Tal vez sintamos remordimiento incluso mientras tomamos una decisión que no honra a Dios o mientras limpiamos el desastre que queda al final de nuestra desobediencia grande o pequeña. Con todo y eso, nos encontramos

Fundamento para el examen personal

creando barreras entre nosotros y Dios, y su propósito para nuestro matrimonio.

Hace poco, me encontraba en una entrevista de la radio, y la locutora invitó a los oyentes a que llamaran para conversar conmigo sobre el libro que acababa de escribir: *Cuando una mujer se libera del temor*. Dos mujeres que llamaron a la radio ese día expresaron su temor de sujetarse a sus esposos y de confiar en ellos. La primera dijo que no podía hacer ninguna de las dos cosas, pero que tampoco podía dar una razón clara de por qué no podía. La segunda que llamó quería alentar a la primera mujer a *no* confiar en su esposo. Siguió adelante contando todo lo que había sufrido por haber confiado en su primer esposo, quien la había decepcionado.

Cuando por fin pude dar mi opinión, les recordé a mis oyentes que la Biblia nunca les dice a las mujeres que confíen en sus esposos. ¡Nada de eso! La Biblia instruye a las mujeres para que confíen en el *Señor*. El Antiguo Testamento incluso afirma: «¡Maldito el hombre que confía en el hombre!» (Jeremías 17:5, NVI). La sumisión es el acto supremo de confianza en el Señor. La esposa se somete al esposo para mostrar que confía en el Señor. Al sujetarse, la mujer declara que Dios se ocupará de remediar el problema o la situación mientras ella obedece el mandamiento bíblico de sujetarse.

Muchas mujeres, al igual que los hombres, se niegan a concentrarse nada más en obedecer la instrucción que les da Dios, porque temen que se aprovechen de ellas. La esposa teme que el esposo no la respete y que se convierta en un felpudo. El esposo teme que la mujer domine el matrimonio y se aproveche de él.

Otro temor que puede tener un cónyuge es que el otro nunca cambiará, y que su obediencia personal solo hará que el cónyuge desobediente se sienta justificado.

Otros temen que tendrán que hacer todo el trabajo hasta que uno de los dos muera. Temen que nunca habrá una cooperación mutua.

El temor es un acto de desconfianza y no es excusa para la desobediencia. Repito, debemos obedecer a Dios por más que temamos cuáles vayan a ser las consecuencias. Si damos un paso más adelante, debemos obedecer porque por fe decidimos creer que Dios bendecirá nuestra obediencia como lo ha prometido.

Sin embargo, el orgullo quizá sea el mayor obstáculo para la obediencia. Cuando me niego a reconocer que necesito examinarme a la luz de la Escritura, soy orgullosa.

El orgullo también se encuentra en el fondo del problema de culpar al cónyuge. Es mucho más fácil creer que nuestro cónyuge es el problemático en lugar de reconocer que, en realidad, nosotros necesitaríamos algunas mejoras de parte de Dios.

Escuché a una oradora que contó cómo durante años trató de «arreglar» a su esposo. Parecía que todas sus «sugerencias útiles» para su crecimiento espiritual se encontraban con una fuerte resistencia. Por fin, comenzó a orar en serio por él. Un día, mientras oraba, recibió una visión de parte del Señor.

En su mente, vio dos ruedas de alfarero girando con violencia mientras el Gran Alfarero realizaba su hermoso diseño sobre la arcilla que daba vueltas. En cada rueda se estaba formando una vasija. Ella observó cómo la vasija de la rueda derecha sacaba una mano y comenzaba a ayudar al Alfarero a formar la arcilla de la rueda izquierda. *Esa eres tú*, sintió que el Señor le hablaba a su corazón. *Estás tratando de ayudarme a formar y moldear a tu esposo. Sé lo que estoy haciendo. ¡Quita las manos!*

La mujer se rio entre dientes al recordar la palabra del Señor para ella. En cambio, ¡qué descripción tan buena de lo que muchas veces hacemos en nuestros matrimonios! Olvidamos que nuestro cónyuge, al igual que nosotros, estamos en la rueda del Gran Alfarero. Dios nos forma a los dos de acuerdo a su diseño, placer y propósito.

Las crisis exigen una mayor obediencia

Hace poco, una mujer vino a mí en busca de consejo. Su esposo estaba involucrado en alguna actividad turbia. Estaba fuera de sí. No obstante, su problema no era cómo obedecer a Dios, sino más bien cómo podía ayudar e incluso salvar a su esposo.

Le explicamos que no podía ayudar ni salvar a su esposo. En su lugar, podía ayudarse a sí misma. Le explicamos cómo necesitaba rendirse más por entero a Dios y procurar obedecerlo. Cuanto más lo buscara, mejor ayuda sería para el Señor, mientras *Él* obraba para salvar a su esposo.

Esto es cierto para ambos cónyuges. La esposa no puede salvar y ni siquiera cambiar al esposo. Tampoco el esposo puede cambiar ni salvar a su esposa. Tanto el esposo como la esposa necesitan recibir las directivas bíblicas de forma individual y buscar a Dios para recibir el poder que los ayude a llevar adelante esas directivas.

La recompensa de examinarnos a nosotros mismos

¿Qué sucede cuando nos examinamos a nosotros mismos? Bueno, lo primero que sucede es que comenzamos a responsabilizarnos por nuestras propias acciones. El proceso de asumir la responsabilidad nos dispone para el arrepentimiento, el cambio y el crecimiento espiritual.

A medida que el arrepentimiento toma su lugar, nos liberamos de malas actitudes, de malos hábitos y de temores. Esto hace que crezcamos espiritualmente, lo cual trae la bendición de Dios sobre nuestra vida y, como consecuencia, sobre nuestro matrimonio.

No podemos pasar por alto el aspecto esencial del examen personal. Por lo tanto, deben contenerse de darle sugerencias útiles a su cónyuge; en su lugar, oren y pídanle a Dios que forme en ustedes las cosas que son agradables a sus ojos. A continuación, den un paso atrás y prepárense para recibir bendiciones de maneras extraordinarias.

Miremos hacia delante

Mientras estábamos allí parados frente al altar, el pastor dijo: «Brian y Cheryl, al fin ha llegado el día, el día por el que han estado orando, el día que han estado planeando, el día que han anticipado. El día en que estuvieran de pie frente a Dios y a todos estos testigos para decirse los votos de amor y fidelidad, y así entrar en la relación más profunda, más íntima y más perdurable que Dios ha creado para el hombre, la relación entre esposo y esposa».

¡Tenía toda la razón! Además de nuestra relación con Jesús, el matrimonio ha sido la relación más profunda, más íntima y más permanente que hayamos conocido. Ha demostrado ser el buen regalo de Dios para nuestro beneficio y disfrute, tal como dijo que sería... y sí, «lo mejor no ha llegado aún».

A medida que trabajan en cada uno de los fundamentos que hemos abarcado en esta travesía que emprendimos juntos, dediquen el tiempo para fijarse en los avances en la madurez y el crecimiento espiritual. Celebren esos pasos memorables y significativos del uno para con el otro y para con Dios.

Evalúense ahora a la luz de todos los fundamentos para crecer juntos. Y les recomendamos que hagan lo mismo dentro de seis meses. Hagan un inventario de su matrimonio en estas categorías y fíjense cómo les va. No lo conviertan en una prueba ni en una competencia, pero sí dediquen el tiempo para tomar conciencia de la salud de su relación, de su fe y de su disposición personal para invertir en su matrimonio.

Su relación es un don para atesorar. ¿Pueden ver su belleza? ¿Pueden ver la mano de Dios y su amor obrando en todo este proceso? En efecto, el matrimonio es idea de Dios. Saboreen las bendiciones a medida que ambos se acercan más de manera emocional, física, mental y espiritual. Y denle a Dios la gloria a medida que su matrimonio se convierte en una luz para los demás. «Y todo lo que hagan, háganlo de corazón, como para el Señor y no como para la gente, porque ya saben que el Señor les dará la herencia como recompensa, pues ustedes sirven a Cristo el Señor» (Colosenses 3:23-24).

CONOCER ES CRECER

1. ¿Cuándo han tratado de arreglarse el uno al otro o de resolver los problemas del otro? ¿Cómo les fue? ¿Todavía siguen intentándolo?

2. Dirijan el ojo examinador hacia sí mismos. Dediquen tiempo para pensar en los pasajes de la Escritura que ofrecimos en este capítulo. Oren como individuos y pídanle a Dios que ilumine sus corazones y mentes de modo que cada uno conozca las esferas de crecimiento y sus responsabilidades.

3. Libérense entre sí del escrutinio. Extiéndase gracia cada uno. Deshágase de esas listas de transgresiones pasadas o de las fallas que desearían poder arreglar en el otro. En su lugar, consideren el llamado que Dios les hace para que se nutran en su propia madurez espiritual.

4. ¡Qué travesía tan asombrosa fue esta! Repasen las diferentes maneras en que pueden crecer juntos como pareja. Conversen

sobre cuáles lecciones son más importantes para ustedes. ¿Qué aprendieron sobre su matrimonio, ustedes mismos y Dios?

Gracia para crecer juntos

Creador del matrimonio, venimos a ti con gran alegría y gratitud. Hoy volvemos a comprometernos a crecer juntos como hijos tuyos y como una pareja en la que estamos consagrados el uno al otro y a nuestro andar en la fe. Recuérdanos las tiernas misericordias que hemos recibido. Perdónanos por los tiempos en que no nos hemos perdonado o por las acciones o palabras hirientes en contra del otro. Únenos en corazón, mente y espíritu a fin de que, con gran convicción y confianza, podamos continuar en el camino que tú nos has preparado.

Te amamos, Señor. Llénanos con el deseo de amar como nos amó Cristo y de servir como sirvió Cristo. Gracias por el gran privilegio de crecer juntos y por saber que lo mejor no ha llegado aún debido a tu maravillosa bendición.

Fundamentos en acción

*Dios creó a los seres humanos a su propia imagen.
A imagen de Dios los creó; hombre y mujer los creó.
Luego Dios los bendijo.*
GÉNESIS 1:27-28, NTV

Conclusión

Fundamentos en acción

Esperamos que hayan disfrutado y se hayan beneficiado en esta travesía a través de los fundamentos bíblicos que nos han resultado valiosos y provechosos para nuestro matrimonio. Nos sentimos privilegiados de haberlos acompañado mientras contábamos nuestra historia. Esperamos que a través de la narración de nuestras experiencias y de los tiempos de gran crecimiento que hemos experimentado, hayan encontrado el aliento y la comprensión profunda para su propio matrimonio.

Al llegar al final de este libro, queremos exhortarlos a que pongan en práctica estos principios que les hemos dado. La palabra *exhortar* significa «alentar de manera enfática o instar a alguien a que haga algo». Como dijimos, hace bastante tiempo que estamos casados y que estamos en el ministerio. Como resultado, hemos visto a Dios hacer cosas asombrosas, no solo en nuestras vidas como pareja, sino en las de muchos otros.

Queremos alentarlos con algunas de las cosas asombrosas que hemos visto hacer al Señor a lo largo de los años. Hemos visto matrimonios que casi no se parecían a una pareja casada convertirse de arriba abajo por el poder del Espíritu Santo. Hemos visto parejas que estaban a punto de divorciarse y que después han podido restaurar sus matrimonios y han sido mejores que en un principio. Hemos visto a parejas recién casadas que pensaban que su matrimonio era un error, pero al someterse a la instrucción de la Palabra, se establecieron en su relación y experimentaron bendiciones maravillosas.

Como se dijo antes, no se saca un matrimonio bueno o malo de un estante; el matrimonio es lo que hagan ustedes. Por la gracia que Dios nos da, todos podemos hacerlo bien y disfrutar de las bendiciones si captamos los fundamentos que nos ha dado Él.

La Palabra de Dios es la primera palabra

Muchos de nosotros damos vueltas una y otra vez para encontrar nuestro camino en la vida y en el matrimonio, y debemos pasar por pruebas y agotamientos extremos para despertarnos y buscar el camino de Dios. Jamás olvidaré la primera vez que tuve la oportunidad de brindar consejería matrimonial. Tenía veinticuatro años y estaba tan verde como cualquier otro puede estar a esa edad. (Para los lectores jóvenes, «verde» se refiere a la falta de experiencia, no a ser ecologista). Así que allí estaba yo, esperando a que llegara mi primera pareja para consejería matrimonial... y cuando llegó, casi me caigo de la silla. ¡Tenían unos ochenta años y hacía sesenta que estaban casados! Yo hacía menos de un año que estaba casado y llevaba menos tiempo en el ministerio.

¿Qué hice? Los escuché mientras exponían sus problemas. Sabía que la sabiduría de la vida que yo tenía no era comparable a la suya, así que evité ofrecérselas y me dirigí a la Palabra de Dios. Les hablé de unos pocos versículos bíblicos en los que había estado meditando y que habían bendecido mi propia vida. Luego, oré por ellos y los envié de vuelta a casa. Quedé asombrado por completo cuando recibí una carta de ellos a las pocas semanas en la que me contaban cuánta ayuda habían recibido para sus problemas en el tiempo que pasamos juntos.

Por fortuna, Cheryl y yo aprendimos pronto sobre el poder que tiene la Palabra de Dios cuando se cree y se aplica al matrimonio. Hace poco, nos pidieron que habláramos en un retiro para parejas. Durante la primera sesión el sábado por la mañana, mientras hablaba me sentía en verdad torpe y sin inspiración. Más tarde, Cheryl me preguntó qué me pasaba y por qué tenía tan poco entusiasmo y me veía aburrido. Sabía que tenía razón sobre mi presentación, pero parecía que no podía encontrar el motivo. (¡No es así como quieres sentirte cuando tienes un compromiso como orador!)

Bueno, en la siguiente sesión las cosas no cambiaron, a no ser que mi falta de entusiasmo le molestó un poquito a Cheryl. Cuando todo terminó y conducíamos de vuelta a casa, ambos estuvimos de acuerdo, al menos desde nuestro punto de vista, que todo estuvo muy flojo. Bromeamos un poco y oramos para que el Señor tomara nuestro débil esfuerzo e hiciera algo con él.

A la semana siguiente, me quedé pasmado por completo cuando uno de los estudiantes que estuvo en la clase de la escuela bíblica vino y me agradeció por contribuir de forma positiva a salvar el matrimonio de sus padres. Me contó que estuvieron en el retiro ese fin de semana en un último esfuerzo por mantener la relación. Lo que Cheryl y yo contamos tocó de verdad sus corazones, dijo, y los llevó a renovar su compromiso con el Señor y el uno para con el otro. ¡Vaya! Una vez más, tuvimos el privilegio de ver de primera mano el poder de la Palabra de Dios en acción en la vida de la gente.

Crecer de verdad es conocer

Los otros días, Cheryl y yo conversábamos con una joven pareja que está pasando por algunas turbulencias en su matrimonio. Preguntaban cómo podían lograr la serenidad que veían en nuestras vidas como pareja. Tanto Cheryl como yo reímos entre dientes. Les contamos que no siempre habíamos navegado por aguas serenas, pero que Dios es fiel. Los alentamos diciéndoles que mientras siguieran aplicando la Palabra de Dios a sus vidas, las cosas se calmarían y suavizarían.

Este comentario sobre la serenidad de nuestro matrimonio trajo a nuestras mentes un tiempo años atrás. Un querido amigo nos contaba algunas de las luchas que tenía con su flamante esposa para llevarse bien. Mientras conversábamos con él, nos dijo que siempre había admirado la relación de otra pareja que ambos conocíamos porque eran muy tiernos, amorosos y pacientes el uno para con el otro. Luego resaltó: «Esperaba tener un matrimonio como el suyo, pero me temo que tendré uno como el de ustedes». Cheryl y yo estallamos en risa, sabiendo que solo era una broma parcial. Sin duda, había algo de verdad en lo que acababa de decir.

Como hemos mencionado a menudo, ambos podemos ser muy acalorados y apasionados algunas veces. Los primeros quince años de nuestro matrimonio, ese lado de nuestras personalidades se mostró con mucha más frecuencia de lo que se muestra hoy. Lo gracioso es que hoy en día, muchas personas no pueden creer que alguna vez fuéramos así. Mencionamos esto solo para subrayar la realidad de que Dios es fiel. Cuando aplicamos su Palabra en nuestras vidas, Él nos cambia, nos hace más parecidos a Jesús y más adecuados el uno para el otro.

Dios desea bendecir al matrimonio. Jesús prometió que vino para «dar vida y vida en abundancia». Esto es cierto en lo que respecta a la unión matrimonial. Dios quiere que tu matrimonio sea abundante.

Fundamentos reales para un matrimonio real

En la introducción, mencionamos brevemente que cuando vivíamos en Inglaterra, Cheryl recibió una llamada telefónica en la que le pidieron que preparara un taller sobre el matrimonio. Era para un retiro de esposas de pastores. Todavía nos encontrábamos en los años de ajustes y habíamos añadido algo de estrés a esos años al trasladar a nuestra familia de seis integrantes a Inglaterra. No éramos justo la pareja y la familia perfecta durante el caos y el estrés de la transición.

Cheryl le preguntó a la mujer que estaba en el teléfono: «¿Usted sabe cómo es mi matrimonio?». La mujer respondió preguntándole cuál era el problema. «Bueno, hemos tenido algunos desacuerdos bastante intensos», le respondió Cheryl. La respuesta de la mujer fue suficiente para convencer a Cheryl de hablar. Estaba eufórica cuando exclamó: «¡Alabado sea el Señor, un matrimonio real!».

Con este maravilloso permiso y aliento para ser «real» durante el tiempo que les hablara a estas mujeres, Cheryl preparó su mensaje. Como mencionamos, Dios puso en su corazón la idea de algunos fundamentos para un matrimonio saludable. La charla de Cheryl se transcribió y, desde entonces, juntos hemos añadido algunos otros fundamentos a la lista al recurrir a la Palabra de Dios y recabar sus verdades para hacer crecer un «matrimonio real».

Alrededor de un año después que Cheryl hablara, un pastor cuya esposa estuvo en el taller, contó una historia sobre esos fundamentos. Él y su esposa no se llevaban bien. La brecha entre ellos se agrandaba. Cuando su esposa regresó del retiro, él comenzó a expresar, con algunas pocas palabras escogidas, todas las cosas que le parecían que estaban mal en su unión. Al parecer, mientras su esposa había recurrido a Dios y a su Palabra, mi amigo pastor había estado dándole vueltas a sus quejas y frustraciones.

Bueno, una vez que se desahogó con sus inútiles quejas, su esposa se dirigió a la otra habitación, tomó la transcripción del mensaje de Cheryl y se lo arrojó delante sobre la mesa. Podría haberse resistido a leerlo por pura testarudez, pero como tenía curiosidad sobre lo que *mi esposa* tenía que decir sobre el matrimonio, tomó las páginas y las leyó. Más adelante, me confesó esto: Se sintió culpable ante *cada* fundamento que leyó. Cuando su esposa regresó a la habitación, se disculpó. Decidieron juntos incorporar los fundamentos de la Palabra de Dios en su matrimonio. Se ha convertido en un modelo para los miembros de su iglesia.

¿No es un alivio saber que los demás no son perfectos? ¿Saber que tú y tu cónyuge no son los únicos que tienen luchas, peleas y rasgos que molestan? ¿Saber que han bromeado de manera que nadie más puede entender? Gracias a Dios que recibimos el perfecto amor y la gracia de Cristo, y que recibimos su dirección y su Palabra como nuestra luz.

Fundamentos en práctica

Cada fundamento que damos en este libro es algo que ha mejorado nuestro propio matrimonio. (Están probados). Ya sea que aconsejemos a una pareja, que conversemos con amigos o hablemos en una conferencia para matrimonios, hemos descubierto que estos fundamentos son precisamente las cosas que las mujeres y los hombres necesitan incorporar en sus relaciones.

También hemos sido testigos de cómo estos mismos fundamentos (entreguen, eliminen, estimen, alienten, ejemplifiquen, muestren empatía, iluminen, fortalezcan, soporten) operan de forma dinámica en la vida de las personas con las que hablamos, y nos gustaría darte algunos ejemplos.

Como a menudo es el caso, una pareja todavía no había reconocido ni tratado el elemento espiritual en las peleas que tenían. Cada sábado por la noche tendrían una gran discusión que les dejaría con la sensación de que no les escuchaban, así como de aislamiento y rechazo. El domingo por la mañana, estaban demasiado enojados el uno con el otro como para considerar siquiera la idea de ir a la iglesia. Esto se repetía una y otra vez, y aun así no se daban cuenta del sabotaje espiritual.

Cuando la esposa le contó a Cheryl sus luchas matrimoniales, Cheryl le explicó el fundamento de iluminar el matrimonio y reconocer el elemento espiritual en el conflicto. Entonces, la mujer comenzó la semana con esta conciencia y empezó a tomar precauciones en contra de las peleas de los sábados por la noche con su esposo. Las cosas cambiaron de manera drástica. Tanto ella como su esposo comenzaron a reír cuando reconocían la sensación demasiado conocida de la tensión que se acumulaba a medida que se acercaba el sábado. Reían porque comprendían de qué se trataba. Sabían que era espiritual y, en vez de estar divididos el domingo por la mañana, se sentían compañeros. La esposa dijo después: «No es que los problemas hayan dejado de presentarse. Fue más bien que reconocimos *por qué* sucedían esas cosas y dejamos de culparnos el uno al otro».

Lisa y Tim no valoraban su relación ni le prestaban especial cuidado. Jamás habían pensado en estimar su matrimonio ni en alentarse el uno al otro. Cuando Lisa se dio cuenta de que su matrimonio era precioso y era un regalo de Dios, su relación con Tim tuvo un giro ascendente. Comenzaron a valorarse el uno al otro y a trabajar juntos como equipo. Hasta comenzaron un estudio bíblico en su hogar que más tarde se convirtió en una iglesia.

Desde que se convirtieron en esposo y esposa, Darla trataba de cambiar a su esposo. Después de muchos años de frustración, por fin aprendió el secreto de confiarle su esposo y su matrimonio a Dios. Aunque no puede alardear de un matrimonio libre de luchas, Darla ha sobrevivido a los estragos de unas cuantas pruebas. En medio de todas las dificultades, ha encontrado paz solo por confiarle su matrimonio y su esposo al Señor. «Se lo entregué a Dios», testifica. «Ahora, él es problema de Dios. No tengo que cambiarlo yo, solo tengo que dárselo a Dios».

El capítulo sobre examinarse a uno mismo nació a través de una conversación con un joven pastor. Sugirió que escribiéramos un capítulo llamado «Examina a tu cónyuge». Tanto Cheryl como yo no nos sentíamos cómodos en absoluto con este concepto. Conversamos al respecto durante largo tiempo y tratamos de comprender de dónde provenía nuestra incomodidad. Mientras más hablábamos, más nos dábamos cuenta de que lo que se necesitaba era un *examen personal* en lugar de examinar al otro.

Con sinceridad podemos decir que solo cuando nos examinamos a nosotros mismos y a nuestro matrimonio podemos comenzar a avanzar en recoger la sabiduría, las verdades, las promesas y los principios de Dios que les explicamos. El elemento del examen personal se convertirá en uno de los más importantes que tú y tu cónyuge deben poner en práctica a medida que madura su matrimonio, a medida que la vida trae desafíos y a medida que se aproximan las pruebas y las etapas importantes. Ser sincero y transparente te permite venir delante de Dios y de tu cónyuge con vulnerabilidad, sabiendo que quieren lo mejor para ti. Entonces, tu corazón puede acercarse más al de Dios y juntos con tu cónyuge pueden acercarse más el uno al otro en el amor divino.

Dios bendiga su matrimonio

Dios fue el que dijo en el principio que no era bueno que el hombre estuviera solo. Dios fue el que creó a Eva como compañera y ayuda idónea para completar a Adán. Dios fue el que le presentó Eva a Adán. Dios fue el que bendijo el primer matrimonio. El matrimonio es su creación y su obra de arte. Él escribió el manual sobre cómo crecer juntos en la fe, el amor y el compromiso matrimonial.

Dios desea que el matrimonio, y de manera específica la unión de ustedes, sea satisfactoria, bendecida, feliz y disfrutable. Nuestra oración es para que puedan tomar los fundamentos sobre los que hablamos y los apliquen a su relación, de modo que logren alcanzar su propósito supremo para el matrimonio. Que Dios bendiga su matrimonio y que sea una bendición para otros.

*De la costilla que el S*EÑOR *Dios había tomado del hombre,
formó una mujer y la trajo al hombre. Y el hombre dijo:*

> *Esta es ahora hueso de mis huesos,
> y carne de mi carne;
> ella será llamada mujer,
> porque del hombre fue tomada.*

*Por tanto el hombre dejará a su padre y a su madre y se
unirá a su mujer, y serán una sola carne.*
GÉNESIS 2:22-24, LBLA

Acerca de los Autores

Brian y Cheryl Brodersen sirven en *Calvary Chapel Costa Mesa* (California) y hace más de treinta años que están felizmente casados. Juntos han establecido iglesias y ministrado congregaciones, además de criar a cuatro hijos. Uno de sus mayores deleites es disfrutar de sus hijos adultos y de sus cuatro nietos. Cheryl es la hija del bien conocido pastor Chuck Smith y de Kay Smith; es autora de *Cuando una mujer se libera del temor*, *Cuando una mujer se libera de la mentira* y coautora, con Brian, de *Crezcan juntos como pareja*. Los Brodersen son oradores y maestros populares, y están deseosos de alentar a las parejas a que acepten la dirección de Dios en sus vidas.

Para más información sobre Brian y Cheryl en sus ministerios, visita:

www.backtobasicsradio.com

o

www.graciouswords.com

También puedes llamar al:
1-800-733-6443

o escribir a la siguiente dirección:

Brian y Cheryl Brodersen
PO Box 8000
Costa Mesa, CA 92628

Otros libros de Cheryl Brodersen

Cuando una mujer se libera del temor
El asombroso poder de confiar en Dios
CHERYL BRODERSEN

El temor en la vida de una mujer puede ser controlador, engañoso y devastador por completo. Quieres ser libre, pero no puedes ver cómo es posible.

Sin embargo, hay ayuda. Cheryl Brodersen, oradora, escritora y maestra, conoce la ansiedad de primera mano. Nos revela sus temores, la lucha por escapar de ellos y cómo al fin rompió las cadenas del miedo que se habían atado alrededor de su corazón y su mente. Sus reflexiones prácticas te ayudan a...

- soltar la familiaridad del temor y confiar en Dios
- eliminar los temores del «qué pasará si»
- usar la fe que ya tienes para combatir el temor

Al igual que Cheryl, puedes comenzar a escuchar a Dios a través de su Palabra, aun en medio de tu dolor. Puedes dar los primeros pasos en una hermosa aventura hacia la libertad... encontrando la paz y la confianza en Dios.

Cuando una mujer se libera de la mentira
Descubre la verdad de quién eres a los ojos de Dios
CHERYL BRODERSEN

La autora y oradora Cheryl Brodersen alentó a miles de mujeres a entregarle sus preocupaciones al cuidado de Dios en su libro *Cuando una mujer se libera del temor*. Ahora, las inspira a aceptar su identidad y su plenitud en Cristo al despojarse de las mentiras que han plagado a las mujeres desde Eva: «Yo no soy lo bastante buena». «Dios no me habla». «No me pueden perdonar».

Cheryl presenta cautivadoras enseñanzas, relevantes ejemplos de las mujeres de hoy en día y de la Biblia, y la dirección práctica y bíblica que ayudan a las mujeres a creer...

- en que Dios es suficiente para suplir sus necesidades
- en sus promesas y su poder a través de su Palabra
- en que los planes de Dios son para bien y para ser fructíferas
- en las bendiciones que le siguen a la obediencia

Desde la primera vez que floreció el Edén, Dios les ha ofrecido a las mujeres amor, dirección, compañerismo y propósito. Cheryl ayuda a la mujer de hoy para que cambie la carga de engaño y simulación por la abundancia, la libertad y la fecundidad que Dios deseó desde el principio.